絵本に魅せられて

佐藤 英和

こぐま社

もくじ

iii 読みつがれる絵本のために

“こぐま”のねがい

すぐれた絵本には《生命》があります。
だから、子どもたちの豊かな情感を育て、
あたたかな心を育むのです。

すぐれた絵本には《力》があります。
だから、子どもたちを揺り動かし、
子どもたちのうちに、
想像の世界をつくりあげるのです。

すぐれた絵本は、子どもたちの《たからもの》です。
だから、子どもたちはひきつけられ、
抱きしめ、大切にするのです。

“こぐま”は《生命》と《力》があふれ、
子どもたちの《たからもの》になるような
絵本づくりを目指す
絵本の専門出版社です。

〈初期のカタログ巻頭言より〉

絵本に魅せられて

＊本書に収録されているすべてのテキストは、各文末に明記した
初出記事および講演記録を再録にあたり加筆修正したものです。

i　幼い子どもと絵本

児童書
子どもを読者とする心

現在、ひとくちに児童書といっても、その範囲は広く、ジャンルも多岐にわたります。ちなみに私がここ十数年来、その編集に従事してきた〝絵本〟という限られた分野でさえも、むかしばなし絵本、名作絵本、民話絵本、物語絵本、創作絵本、科学絵本、知識絵本、生活絵本、あかちゃん絵本、等々、その多様性はおどろくばかりです。したがって、児童書の編集について絵本という限られた範囲で総括的に述べるとすれば、いきおい抽象的にならざるを得ません。

そこで、ここでは私がどんな姿勢で児童書を編集してきたかを具体的にご紹介しながら、子どもの本について考えてみたいと思います。主観的になりますし、独善的にもなりましょうが、その点あらかじめおことわりしておきます。

◉児童書の読者は誰？

私が編集者になりたてのころ、ひとりの先輩が編集者の心構えについてこんなことを話してくれたことを思いおこします。

〝編集者というのは著者と読者との間にあって、著者がつくりたい本を読者の読みたい形で提供したり、あるいは読者の求めるものを著者に書いてもらったりしなければならない。したがって、企画の段階ですでに本全体のイメージをもてなければならない。それは単に表紙、見返し、扉、目次、本文の組体裁、あるいは箱装など、本になった時の形をイメージできるというだけでなく、その本が本屋のどこの棚に、どんな本といっしょに並べられて、どんな読者がそれを手にとるかまで、思い描くことができるようでなければならない〟と。

いいかえるならば、編集者というのは本づくりの職人であるだけでなく、きわめてイマジネーション（構想力）を必要とするプロデューサー的な役割を担うものだということになるのでしょうか。

ところで、この時聞いた編集者の心構えはそれ以来、私にとって折にふれて初心に立ちかえるきっかけを与えつづけてくれました。そこで、まずこの点から児童書の編集について考えてみることにします。

児童書が書店のどんな棚に、どんな形で並べられるかは容易に想像することができます。一方、読者である子どもたちのことも充分にイメージすることができます。ところが、書店で児童書が買われるときの様子を考えると、児童書の編集者は、単に読者である子どものことだけを考えておきさえすればいいというわけにはいかなくなるのです。つまり、児童書の場合、読者と買う人が必ずしも一致しないというばかりか、ほとんどの場合、ちがっているのです。そのうえ、買う人が肝腎の読者にとってどんな本を選んだらいいかよくわかっていない場合も多いのです。店頭で、「○歳の男の子にはどんな絵本がいいでしょう？」と書店の人と相談している風景はいつでも、どこでも見られることです。児童書以外のたいていの本の場合は買う人は読む人と重なります。したがって読者をイメージするときに店頭で本を手にする人と重ね合わせることができるのです。しかし、児童書は読む人と買う人は別人です。編集者は一体、買う人と読む人のどちらをイメージして本づくりをすればいいのでしょうか。わが国では、財布のひもをにぎっている大人たちを意識しすぎているということがいえそうです。たとえば学年別シリーズがずらりと並んだり、作家や画家のネームヴァリューを重んじたり、名ばかりの監修者や推薦者を目立たせたり、みなその一面をのぞかせていると思います。つまり、大人が子どもに買って読ませたくなるような、あるいはえらびやすい本をつくることに眼目がおかれている場合が多いのです。

しかし、私はいつの場合も読者を対象に編集すべきだと考えています。絵本の場合、読者である幼児は書店の店頭で本を選ぶことは稀でしょう。第一、幼児は字を読むことができませんし、ことばを充分に理解することもできないのですから。

それでは、幼児は読者として不充分なのでしょうか。幼児が絵本と出会い、大人に読んでもらう場面に立ち会いさえすれば彼らが読者として少しも欠けるところがないことはすぐにわかります。著者や編集者にとって、幼児も、読者対象として何一つ不足するところはないのです。

私のささやかな体験ですが、こんなことがあ

『ボタンのくに』
なかむらしげお・にしまきかやこ 作

りました。一九六七（昭和四十二）年、西巻茅子さんの『ボタンのくに』という絵本を出版しました。この本は当時、全く無名の新人であった作者の処女作なのですが、発行して二年ほど経ったある時、東北の一人のお母さんから一通の手紙を受けとりました。その内容は「自分は従来までの絵本に対する概念から『ボタンのくに』のように形のはっきりしない、中間色ばかり使った絵本は幼児に不向きだと信じてきた。ところが自分の五歳になる娘が隣りの子のもっている『ボタンのくに』が気に入って、毎日遊びに行っては読んでもらううちに、とうとう全部覚えてしまった。そしてどうしても欲しいというので買って与えた。子どもといっしょにくりかえして読むうちに、このお話が、この絵が、どれほど子どもたちの心に入りこんでいくかわかるような気がした。自分は大人の先入感にとらわれて、いい絵本と子どもを出会わせる機会を失っていたのではないかとおそれる。これからも子どもたちのためにいい絵本を出しつづけて欲しい」という大意でした。この絵本は一九七〇年にはアメリカで翻訳出版されました。これらの事実は、作者の名前や出版社の知名度とはかかわりなく、編集者は子どもの本づくりの原点、つまり読者である子どもさえしっかり把えていればいいのだという確信を与えてくれました。そしてこの本は十一年たった現在でも版を重ねているのです［編註＝初出一九七八年当時のこと。二〇一五年現在も同様に版を重ね続けている］。

児童文学についての啓蒙書としては定評のあるポール・アザール著『本・子ども・大人』（矢崎源九郎・横山正矢訳、紀伊國屋書店）には本と子どもとの関わりを次のように述べている箇所があります。「幼い子どもたちは自分でものを食べ、自分で着物を着ることもできないし、また時間をかけて教わらなければなにひとつ作ることもできないが、しかし、いったんこうと決めた以上は、実に強情である。彼らが欲しいのは、まさしくあそこにあるあの本であって、その隣りにある本ではない。子どもたちはみんな、その本を欲しがっている。彼らはそれをつかみ、握りしめ、それに自分の名前を書きこんで、自分のもの、自分の財産にするのである。たとえそれが彼らのために書かれた物語でなくても、かまいはしない。そんなことは、彼らにとってどうでもよいことなのだから。要するに、それが、彼らを魅惑する本であるかどうかが問題なのだ」（七十三頁）と。まことに示唆にとむ言葉ではないでしょうか。

また、これも児童書に関わるすべての人の必読書ともいわれるリリアン・H・スミス女史の名著『児童文学論』(石井桃子・瀬田貞二・渡辺茂男訳、岩波書店)の絵本についての次の一節も私たちの目を開いてくれると思います。

「今日つくりだされるりっぱな絵本のうち、どの一つでも開けてみれば、多くのおとなたちは、その本の絵画的な美しさにおどろかされるにちがいない。画家の優秀な技巧は、私たちの感激と賞讃の念をかきたてる。ところが、幼児は、またべつの見方をもっている。毎年、その色彩、デザイン、造本によって、おとなをまどわすような絵本が出版される。そのはでやかさ、機知、奇抜な空想に、私たちは、声をあげ、微笑し、感嘆する。しかし、これらの絵本は、せっかく幼児たちのためにつくられているというのに、当の子どもは、どう考えるだろうか。最初は、おもしろいものを待ちうける子ども本来の熱心さから、最後まで――ともかく一度は――見おえるかもしれないが、注目もせず、関心も示さない場合がある。子どもは、自分たちの求めているものが、そこにないとわかると、まえに喜んで笑ったおぼえのある、試験ずみの愛読書にもどってしまうのである。たぶん、幼い子どもが、くりかえし、くりかえしもどってゆく絵本をしらべてみるなら、子どもの要求を満足させる絵のなかには、いったいどんなものがあるのか、その手がかりをつかむことができるだろう」(二〇八―二〇九頁)と。

これらの言葉は私たちが児童書の編集にたずさわる限り、常に肝に銘じておくべき言葉ではないでしょうか。

◉オリジナリティーこそ大切

〝児童書づくりのこころ〟ということで、いちばん大切にしなければならないことは何でしょうか。私はオリジナリティーだと思います。独創性、創造性といいかえてもいいでしょう。これは何も児童書に限らないとも思いますが、わけても児童書編集には次の時代を背負って立つ人間に対する期待がこめられていますので、教育性という点からもオリジナリティーが重んじられなければなりません。

先年、イギリスの児童図書館の大先達であるアイリーン・コルウェル女史が来日された折、何人かの児童書の編集者と懇談する時がありましたが、「日本の児童書出版社は、どうしてこうも同じような企画で競争するのか、もっと協力したり、共同で研究会をもったりすることはできないのか」という意味の質問をうけ、いささか恥ずかしい思いをした覚えがあります。事実、ある社で成功した企画があれば、すぐにそれをそっくりまねたとしか思えないような企画が他社でも立てられます。これは、編集者にオリジナリティーを重んずる姿勢が欠落しているからではないでしょうか。人間のやることですから、長い間には同じようなことを考えたり、作品化したりするようなことはありますし、作家が作品を生み出す際にも、自分がかつて読んだ作品と全く無関係に創作することも不可能なことでしょう。編集者が他社の企画にヒントを得ることは充分にあり得ることです。だからこそオリジナリティーは重んじられねばならないのです。

馬場のぼるさんが『11ぴきのねこ』をこぐま社から出版したのは一九六七（昭和四十二）年三月のことでした。この本は、「いつもお腹をすかせている11ぴきの野良猫たちが、お腹いっぱい食べたいばかりに山の向うの湖にいるという大きな魚を求めて旅に出るのですが、いざ見つけてみると化けものみたいに巨大な魚。とびかかっても逆にはねとばされてしまいます。しかし、何度目かには！　寝こみをおそって遂につかまえることに成功します。いざつかまえてみると、余りの巨大さに仲間に自慢したくなる、そこで獲物をいかだで曳航する間、絶対に食べないことを約束するものの、一夜明ければ骨だけが残り、ねこたちはいかだの上でタヌキのようなお腹で寝ている」という、何とも愉快なストーリーですが、これが好評をもって迎えられ、サンケイ児童出版文化賞の受賞作品にもえらばれました。私と馬場さんはこの作品ができた時に第二作目の出版を約束しました。しかし、好評にのって出した第二作に傑作なしというジンクスがあり、私たちは当然これを意識しました。やがて『11ぴきのねこ』はNHKラジオでも、テレビでもとりあげられ、人形劇になる、影絵になる、ミュージカルになる、アメリカで翻訳される、こうなると二作目はいよいよむつかしくなります。しかし、作者としても、編集者としても二作目は何としてでも作りたい、読者からも二作目を待つという便りがしきりです。そして、実際に二作目の『11ぴきのねことあほうどり』が発行されたのは一九七二（昭和四十七）年十二月、何と第一作以来五年以上の

『11 ぴきのねこ』馬場のぼる 作

歳月が経っていました。もちろん、この間馬場さんも全力をあげましたし、私も何十回となく足を運びました。事実、いくつかのストーリーが出来、何冊かのダミーもできました。しかし、どうしても満足できないのです。ある時は二人でもう〝ねこ〟はやめて新しい作品にとりかかろうと話し合いました。馬場さんは〝ねこ〟以外ならすぐにでもできる、あたためている作品もあるというのです。しかしいつの間にか二人の話は〝ねこ〟の話になるのでした。そんなくりかえしに二人ともヘトヘトという状況に何度もなりました。旅にも出ました。旅館にもこもりました。しかしようやくできあがる日が来ました。今度は「コロッケ屋をはじめたねこたちが、はじめのうち大繁昌していたのに次第に売れ残るようになります。毎日毎日売れのこりのコロッケを食べるので、もううんざり、鳥の丸焼きが食べたいと思っているその時にあほう鳥がコロッケを買いに来たのです。あほう鳥はコロッケが気に入って兄弟にも食べさせたいという。聞けば兄弟は11わ、ねこたちは一ぴきが一わずつの丸焼きが食べられると舌なめずりしつつあほうどりの国に出かけます。ところが今度は第一作の時のようにうまく運ばず、遂にはねこたちはあほうどりたちのために毎日毎日コロ

『11 ぴきのねことあほうどり』馬場のぼる 作

ッケをつくらせられる羽目になる」というおはなしです。

待っていた甲斐がありました。この二作目で馬場さんは文藝春秋漫画賞を受賞することになりました。

できあがった第二作を前にして二人でしみじみと話し合ったことです。「何度かできたと思った。しかし、うまくいかなかったのはテーマやストーリーを11ぴきのねこにあてはめてつくった点ではなかったか。やはり11ぴきのねこでなければというテーマとストーリーをみつけ出すのがむつかしかった」と。オリジナリティーのむつかしさ、それだけに、それをみたして完成したときのよろこびをしみじみと味わうことのできた経験でした。

創作はいつも苦労があるというのではありません。スムーズにできる場合もありますし、練って練って、結局は本にならなかった場合も多々あります。これはまさにクリエイティブな仕事に共通することであり、そして編集とはまさにクリエイティブな仕事だということができるのです。

◉『ちびくろ・さんぼ』『クマのプーさん』

どこにもあるような普通の書店に行って児童書の棚をみて、すぐに気づくことは、全集やシリーズがやたらと多いことではないでしょうか。しかも、その多くは、世界名作、日本名作、民話、むかしばなし、グリム、アンデルセン、偉人伝等々。しかもそれらがいくつもの出版社から手をかえ、品をかえて出版されているのです。これらを業界では一般に〝名作もの〟と呼んでいます。しかし、この傾向は最近になって少しずつ変化して来ました。従来〝名作もの〟一辺倒だったこの業界で、いわゆる〝創作もの〟の出版が脚光をあびるようになったのです。大型書店の児童書売場、あるいは最近各地で店開きしている子どもの本の専門店では〝創作もの〟がずらりと並べられています。このことを少し考えてみましょう。

従来まで、児童書出版の場合〝名作もの〟の占める比重が圧倒的に大きかったのはなぜでしょうか。〝名作もの〟というのは、それ自体作品の知名度が高く、大人がよく知っている作品を並べさえすれば、宣伝することなしに店頭で売れていくことになります。つまり出版につきまとう投機性が少ないのです。ベストセラーになることはありませんが安定性という利点があります。しかも編集者にとっても特別の専門性を必要とするわけではありません。一面からいえばぬるま湯につかった状態ですから冒険はなかなかできなくなるのです。やがてこのことは〝子ども〟不在の出版につながります。読者である子どものことを大事に考えないで、どうせ子どもの読むものだからといっていい加減な編集になりかねないのです。戦前のことですが絵本の出版社のことを〝ポッポ屋〟と呼んで馬鹿にしたそうですが、どうせ汽車ポッポ、ハトポッポの本をつくってる本屋だという意味でしょう。このことに児童書編集出版の姿勢はよく象徴されていると思います。読者を無視して大人に迎合して〝名作もの〟を出しつづけている限り、児童書が出版界でも正当な評価も地位も与えられなかったといってもいいすぎではないでしょう。

このように考えると〝創作もの〟の出版がさかんになったということは児童書出版の歴史に新しい頁をひらくことをも意味するほどに大き

な出来事なのです。その点で「赤い鳥」で代表される大正期から昭和初期にかけてのことはさておいて、岩波書店における編集者としての石井桃子さん、福音館書店の松居直さん、理論社の小宮山量平さん、童心社の稲庭桂子さん、至光社の武市八十雄さん等のすぐれた編集者たちの〝創作〟出版の仕事は十二分に評価されてしかるべきです。〝創作もの〟の出版が正当に評価されることによって児童出版界は新しい胎動をはじめました。これに公共図書館の児童室の拡充、充実、活発な子どものための家庭文庫活動、さらには子どもの本の専門書店の出現が呼応しています。戦後〝創作もの〟を読むことによって〝読書〟に目を開かれたという経験をもつ母親たちの層も厚くなってきています。この現実の中から真に志をもったすぐれた編集者が育っていることも事実です。それだけに児童図書の編集者に負わされた課題も重くかつ大きいし、希望もあるといわねばなりません。

『ちびくろ・さんぼ』という絵本があります。一八九九年にイギリスで初版が発行されています。いまや世界中でこの本を知らない児童図書の関係者はいないといわれるほど有名な本ですが、このおはなしは、作者であるヘレン・バンナーマンというイギリスの医療検査技師の奥さんがインドで生活している間に、故国に残した子どもたちに書きおくった絵入りの手紙の中にあったということです。そして後に作者の友人の紹介によって出版されることになりましたが、この絵本はもとはといえば自分の子どもというきわめて限定された少数を対象にして書かれたお話です。

『クマのプーさん』という児童文学不朽の名作

があります。いま私たちはこの本を石井桃子さんの名訳で読む幸をもっていますが、これももともとA・A・ミルンというイギリスの作家がむすこのクリストファー・ロビンのためにしてやったお話が本になったといわれています。

児童図書の歴史をひもといてみますと、このように作者が自分のまわりにいるごく限られた少数の〝小さい人たち〟のためにつくったお話や絵本が編集者によって見出され、出版され、次第に子どもたちの間で評判になり、読者をふやし版を重ね、部数をのばしているというような作品がちりばめられています。

先ほど述べた〝創作もの〟というのは元来こういう形で編集者の手によって世におくり出されたものだということができるでしょう。外国の例をまつまでもなく、先にあげたすぐれた編集者のいる出版社の出版物をみればわかっていただけると思います。しかし、〝創作もの〟の出版は緒についたばかりです。若い有能な編集者がこれから存分に腕をふるうのを期待したいと思います。

◉著者と編集者

編集者にとって、読者が大切であるとともに著者が大切なことはいうまでもありません。しかし、児童書、わけても児童文学の作家、さし え画家ともに、いずれも長い期間にわたって報いられることが少なかったのです。最近でこそ印税制度を採用する出版社がふえてきましたが、従来、多くの場合〝買いとり〟でした。印税というのは発行部数、あるいは販売部数に応じて通常定価の七%から一〇%を作家、画家に支払うやり方で、〝買いとり〟というのは、原稿や画稿に対し部数、定価にかかわりなく支払うやり方をいうのです。印税は本が売れればそれに応じて作家、画家ともに収入が増える点で合理的ともいえます。しかも、ロングセラーになるようなすぐれた作品を創り出したときは、長い間にわたって収入が約束されることになります。しかし〝買いとり〟の場合は名作などの再話の仕事をしたとしても、その作品が長い期間売れつづけようと、出版社が体裁をかえたり、別のシリーズに組みなおしたりしても、作家、画家とも収入にはつながりません。出版社は安い原価で本をつくれるのですが、作家、画家とも次々と新しい仕事をしなければならなくなります。いきおい落ちついてよい仕事をすることができないという悪循環をくりかえして来たともいえます。印税制度が定着するにつれて、画家、作家とも落ちついて仕事をする人もふえ、作品の質を高めることになり、ロングセラーの作品もでてくるようになりました。したがってここにも編集者と作家、画家とのよい関係が生まれる基盤が確立しつつあるといえるでしょう。

ところが、今度は新しい問題がおこっています。それは、ある作家や画家が話題になると、各出版社がその人に注目し、編集者がきそってその人たちのもとに殺到するという状況がおこっているのです。これはマスコミの影響もあるので止むを得ない点はありますが、私は編集者の姿勢が問われると思います。外国の場合、一人の人がその全著作をひとつの出版社から出しつづけるということはよくありますし、日本でも大人の文学の作家、あるいは学者の場合もそれがかなりの程度定着しているといえます。それは、いうまでもなく著者と編集者との結びつきです。編集者が勤め先の出版社をかえるごとに出版元がかわる著者もいるほど、両者の関係は緊密なものだといえるのです。したがって、編集者というものは自分以外の編集者が見出し育てたといえるような著者の場合、その人の作品がどれほど話題になろうと、その編集者の存在をみとめねばなりません。しかし、日本の児童書出版の場合、もちろん例外はありますが、なげかわしいほどに無節操なのです。作家が同じ、画家が同じという場合、出版社がちがっても、そんなに変わりようはありません。読者をまどわせるという場合もよくあるのです。編集者にとって、作家や画家は大切な宝ですし財産でもあります。編集者は宝や財産を守ることにもっと真剣であっていいし、それには同時に他人の宝や財産を尊重するというルールが基本になることはいうまでもありません。

しかし、この現象は日本の出版界全体が新刊中心に動いている以上ますます深刻になるでしょう。ひとりの編集者の力でどうにかなるものではないのかもしれません。ただ、こんな状況がつづいていくならば児童書出版界に創作もの出版で新しい胎動がおこっているとしても一時的なものに終わるであろうことを深く憂えるのです。

◉翻訳出版ブームの問題点

最後に、少し異常だとさえ思われる児童書の翻訳出版ブームについて一言しておきたいと思います。先年、日比谷図書館でアメリカ絵本展が開催された折り、そのプロモーターとして来日した東ヶ崎民代さんがその講演の中で日米の児童書出版界の顕著な違いとして翻訳書の出版を第一に指摘していました。彼女は長らくニューヨークの公共図書館で児童室の司書をつとめましたが、その経験から、アメリカのみならずヨーロッパにおいても児童図書の出版のほとんどはその国で生まれた作品だというのです。もちろん、国のへだたりを越えて読まれるべき本は多く、翻訳もある。しかしその際、翻訳というのは外国語はもとより自国語による表現力もすぐれていなければならない、しかも外国の風俗、習慣、思想にも充分な造詣をもっていなければならない。そのうえ労の多い割りには報酬が少ないから出版社も訳者もよろこばないというのです。もちろん、これにもまして外国の本はその国の子どものために出版された本であってアメリカの子どものために出版されたのではないという基本的な考え方があるのは当然です。

ひるがえって日本の場合はどうでしょうか。翻訳ものが非常に多いのです。〝創作もの〟の場合特にそれがいえそうです。ロングセラーの作品になればその比重はもっとふえるでしょう。毎年、アメリカ、ヨーロッパで開かれるブックフェアに日本の児童書編集者が多数出かけて、未だ出版されていないダミーによって翻訳権の取得を競っているのですから、この傾向は今後ますますたかまっていくと思われます。なぜでしょうか。それは安易だからです。外国の受賞作品、話題作など一定の評価を得ているものを翻訳して出版することは無名の新人を発掘し、育てていき、しかもそれが採算に合うかどうかを考えることに比べれば、どれほど手っとり早く安定していることでしょうか。しかも児童書は語学的には平易な表現を用いてあるので（実は、それぞれの国の生活の中にしっかり根づいている表現を用いてあるので翻訳はきわめてむつかしいはずなのですが）安易に訳者をえらんでしまうことにもなりかねないのです。版権の斡旋業者は常に新しい情報を提供し、厄介な原出版社、原著者等との交渉はすべてやってくれます。編集者は情報をいち早くキャッチし、判断することさえできればいいのです。ここには作家、画家と共同して本にしていくという編集者本来の創造的な仕事はないといってもいいでしょう。

もちろん翻訳の仕事も大切ですし、その意義は大きく、日本の児童書出版の大勢が〝創作もの〟の出版に移行するにあたってその功は十分に評価されてしかるべきでしょう。しかし、私はそれにもまして、新人を見出し、育て、日本の子どもたちのために、日本の作家と画家と編集者とが力を合わせてよい本をつくり出していくことにもっと時間とエネルギーを投入しなければならないと思うのです。

外山滋比古さんは、『修辞的残像』『近代読者論』などの著者で、〝エディターシップ〟とは何かをきわめてオリジナリティーにとんだ視点から考えつづけている人ですが、その『エディターシップ』（前記の本も共に、みすず書房）の中で「まだ固いつぼみを見つけ出して、これに春の風を送り、花にする編集の仕事はそれ自体が芸術である」（二十三頁）と記しています。編集者には好奇心も必要です。アイディアも大切です。将来を見とおす洞察力もなくてはならないでしょう。しかしじっと待ちつづける忍耐力もまた編集者の大切な徳ではないでしょうか。そしてこれは児童書編集者にも当然あてはまると思うのです。

＊初出＝『職業としての出版人　現役たちの証言』中経出版、一九七八年

聞くよろこびから読むたのしみへ

私たちは、本を読むということを考える時に、通常、活字になった文字を読むことを〈読む〉と言っています。そして私たちはそういう一般的な考え方から、字が読めなければ、本が読めないんだと考えてしまっている。ですから、子どもたちが字が読めるようになると、世のお母さんたちは、「あなたは字が読めるんだから、ひとりで本を読みなさい」とおっしゃいます。

私たちは、字が読めること＝本を読める、そして、本を読むためには字が読めなければならない、という考え方を持っております。

ところが、絵本というのは、まだ文字ということばで本を読むに至っていない子どもたちのために作られているのです。私は、文字をまだひとりで読むに至っていない子どもの〈読む〉という行為について考えるとき、字が読めれば本が読めると思うことが、どんなに間違っているかに気が付くわけです。申し上げるまでもありませんけれども、私たちは子どもたちに絵本を買ってやって、あるいは借りてきて、読んであげることをいたします。文字が読めない子どもですから、私たちは読んであげるわけです。そうすると、子どもは気に入れば、「もう一度読んでちょうだい」と持ってきます。何回でも「もう一度、読んで」と持ってきます。はじめのうちは私たちは、「ああ、よかった。自分が選んだ本を、子どもが喜んでくれてよかった」と思って、喜んで読んであげます。ところが、五度が十度になり、十度が十五度になると、だんだん嫌になるんですね。そして、「またこの本を読むの？」と言って、とばして読んだりするんです。そうすると子どもは、「とばしちゃだめだ」と言うんですね。文字を読めない子どもが、「とばしちゃだめだ」と言う、これはどういうことでしょう。「読んでいる」ということではないでしょうか。そして私自身も経験がありますけれども、膝の上にのせて子どもに絵本を読んでやる際に、文字がまだまだ続いているので読み続けていると、子どもは次のページが見たくて見たくて、私がページを押さえている手をはらいのけて、次のページをめくろうとする。そうすると私たちは、「せっかく読んでるのに、おとなしく聞きなさい」とか何とか言って、怒るわけです。反対に、私たちが文字を読み終わっても、めくらせないでじっと見ているということもあるわけです。

◉絵を「読む」子どもたち

子どもたちは、絵本を読む場合に、耳で聞きながら、絵ということばで読んでいるのだということがわかります。絵本というのは、子どもが初めて本を読む喜びを、その本によって体得していくために作られているわけですけれども、実は、子どもたちは絵を「読む」のです。絵を読むということは、絵はことばだということです。そして、そう考えていく時に、子どもたちが、文字を読めないのに本が読める、これはいったいどういうことなんだろうかと考えざるをえなくなります。私は、これはことばの力だと思うのです。本というのは、全部ことばで成り立っているのです。ですから、読むほうも、読んでもらうほうも、ことばの力がなければ本を読むということができません。そうすると、文字を読む以前の子どもの持っていることばの力とはいったいなんだろうかと考えるようになります。人間はどのようにしてことばを獲得して、そのことばの力を伸ばしていくのだろうかと考えざるをえなくなりました。

人間は、生まれた時すでにことばの力を持っているのでしょうか、まだ持っていないのでしょうか。皆さんどう思いますか？　もちろん、持っておりますよね。私は、人はもうすでに胎内にいるときから、ことばの力を持っているのだと信じています。

母親は、自分の中に小さな命が宿ったということがわかり、やがてその小さな命が生い育って、確かに成長しているということがわかる。そして胎動を感じるわけでしょう。そうすると、どんな母親もそのおなかの中の赤ちゃんが健やかで、そして豊かな心を持って生まれてきてほしいと願って、楽しい本を読んだり、楽しい映画を見たり、美しい音楽を聴いたり、また展覧会へ行って絵を眺めたりということをします。胎教ということですね。そして、ことばになるかどうかは別として、その赤ちゃんに語りかけると思います。そして、それは通じると思うのです。

やがて月満ちて赤ちゃんが生まれます。そうすると私たちはそのひとりひとりに名前をつけます。そしてその名前を呼びながら赤ちゃんに語りかけます。赤ちゃんは、私たちが語りかけることばを、ちゃんと受け止めてくれるじゃないですか。私たちが語りかけることばがわかったんだと確信できた時、私たちは、赤ちゃんを抱きしめたくなります。本当に可愛いと思います。そうやって、赤ん坊はおなかの中にいる時から、すでにことばの力というものを持って生まれてくるのです。私たちはそれを信じるからこそ、語りかけることをするのです。

私たちが語りかけると、赤ちゃんはそれを身体全体で受けとめるわけでしょう。私たちが語りかけることばというのは、肉声です。肉声というのは生命を持っています。力があります。私たちの思いがこもっています。そのことばを赤ちゃんが全身で受けとめるということはどういうことかというと、赤ちゃんの皮膚感覚、体じゅうに張り巡らされている感覚器官に私たちの肉声が訴え、その刺激が神経系統を通って大脳に行きます。そして、大脳の言語野の発達が促されていくのです。このしくみは神秘的でよくわかりません。わかりませんが、それ以外には考えられないわけです。

たとえば、狼に育てられた赤ん坊の話を、皆さんご存知だと思います。今ではこのことの真偽がいろいろな問題になったりしておりますけれども、事情はわかりませんが、非常に幼い時に狼にさらわれて、狼に育てられた兄弟がいたという話です。そして、やがてその子たちが人間に保護されることになるわけですけれども、その際、その子たちはことばを持ちませんでした。そこで、大変な努力をしてその子たちにことばを教え込もうとしました。しかし、ことばの獲得は困難を極めたということが、記録に残っています。つまり、幼い時にかけれられる肉声だけが、人間のことばを育てていくのだというこことがわかるのです。

大脳生理学であるとか、発達言語学だとかいう学問が進んで、人間の言語野の発達は、ほとんど二歳から三歳までで終わってしまうということがわかっております。そして、このことが、「三つ子の魂百まで」ということばと本当に深く結びついている。学問が何もない昔から、人間は「三つ子の魂百まで」ということばを言い伝えてきたし、それがいかに真実であるかを私たちは知っているからこそ、いまだにそれを言うのです。

◉ことばの力が変化している

私たちは今、考えなければならないことがあります。つまり、私たちの生活の中に、肉声以外のことばが非常に大きな力と比重で入り込んできた、ということです。言うまでもなくテレビです。私はこういう考えを持っているものですから、自分の孫たちの両親には、「三歳まではテレビを見せないでおくれ」というふうに言いました。しかし、それは現在の場合、ほとんど不可能なことなのです。家の中にテレビがあって、テレビとまったく無関係で子どもを育てるということはできません。しかし、私がそういうことを言うものですから、息子たちは、非常に意識して、テレビから遠ざけるようにして赤ん坊を育てました。しかし、息子たちは言うのです。「おやじ、テレビが見えないようにと思って、できるだけ離しておく。ところがテレビをつけると、生後何ヶ月かの赤ん坊が、なんとかしてテレビのほうを向こうとするんだよ」「テレビってすごいなあ」と。

テレビの前にいる赤ん坊というのは、テレビの音の中にリズムがあれば、そのリズムに反応します。そして体を動かしたり、笑ったりするのです。そうすると私たちは、「あっ、テレビを楽しんでいる」というふうに思います。そして私たちは、テレビに子守りをさせることを始めていくのです。しかし、これは錯覚です。音と光に対して、人間が本能的に反応しているにすぎず、テレビを楽しんでいるわけではないのです。

テレビに子守りをさせるということを意識的にするかしないかは別として、家庭の中での肉声は、質的にも量的にも変化しています。これは、子どもたちのことばの発達に影響を与えないでしょうか。私は、与えると思います。

たとえば、私どもが出しました松岡享子さんの『こども・こころ・ことば』という本の中で、松岡さんは、今、子どもたちのことばの力に変化が起きているのではないかということを、さまざまな分析から書いておられます。

その変化は、たとえば、子どもたちにお話を語るとよくわります。

「エパミナンダス」(東京子ども図書館発行「おはなしのろうそく1」所収)というお話があります。

あるところに、エパミナンダスという小さな男の子がおりました。エパミナンダスは、毎日のように、おばさんのうちへでかけて行きました。おばさんはそのたびに

「おかあさんへおみやげですよ」と言って、何かをくれました。

ある日、エパミナンダスが、おばさんのうちへ行くと、おばさんは、大きなケーキを一きれくれました。きいろくって、ふわふわした、おいしそうなケーキでした。エパミナンダスは、ケーキをもらうとギュウっと指でにぎりしめて、おうちに持って帰りました。おうちへついたときは、ケーキはどこへやら。エパミナンダスの指のあいだにケーキのくずが少しついているだけでした。おかあさんはそれを見て言いました。

「エパミナンダス、おまえ、その指のあいだにくっつけているのは何だね」

「ケーキだよ、おっかちゃん」

「ケーキだって！　おまえは本当にあたまがないね。ケーキをもらったら、そんなふうにして持ってきちゃだめじゃないか。ケーキをもらったらね、きれいなはっぱにつつんで、それを帽子の中に入れて、その帽子をあたまの上にのせて、そっと歩いて来るんだよ。わかったかい」

「わかったよ、おっかちゃん」

エパミナンダスは言いました。

そのあくる日、エパミナンダスは、また、おばさんのうちに行きました。すると、おばさんはできたてのバターを一ポンドくれました。きいろくて、つやつやしていてあまそうなバターでした。エパミナンダスは、バターをもらうと、きれいなはっぱにつつんで、それを帽子の中に入れて、その帽子をあたまにのせて、そっと歩いて帰って来ました。

その日は、とても暑い日でした。エパミ

ナンダスがまだいくらも行かないうちに、バターはとけはじめました。バターはとけて、とけて、とけて、エパミナンダスのひたいにも耳のうしろにも、首すじにも、背すじにも……

と、ここまで語ると、一生懸命聞いていた子どもたちは、自分がエパミナンダスになったかのように、耳や首筋をさわっているんですね。私たちは、ああ、よく聞いてるなあ、と思って、お話を進めていきます。

このエパミナンダスは次々と変なことをしでかします。そして、子犬をもらってうちについた時にはもう、子犬は死にかかっていました。

おかあさんはエパミナンダスに、

「こいぬをもらったら、そんなふうにして持ってきちゃだめじゃないか。おまえはほんとにあたまがないねえ。こいぬをもらったらね、地面におくの。そして長いひもを持ってきて、ひもの片っぽうをこいぬの首に結びつけて、ひもの片っぽうを自分が持って、ひっぱって来るんだよ。わかったかい」

「わかったよ」

とエパミナンダスは言いました。

そのあくる日、エパミナンダスがおばさんのうちに行くと、おばさんはおかあさんへ持っていっておくれといって、やきたてのパンを一本くれました。エパミナンダスはパンをもらうと地面におきました。そして長いひもを持ってきて、ひもの片っぽうをパンに結びつけて、ひもの片っぽうを自分が持って、ズルズルズルズルひっぱって、帰って来ました。

ここまでくると、聞いている子どもたちは、「ばかだなあ」とか、「きたないなあ」とか、さもそのエパミナンダスがやっていることを目の前で見ているかのように言いはじめます。これは、決して珍しいことでもなんでもありません。なぜなら子どもたちは、お話の中でその主人公になりきっているのです。

「チム・ラビットのはさみ」を聞きながら、チムが自分の体の毛をはさみで切っているふうに自分でも真似をする子どもは、何人もいました。ところが今は、そういう子がいなくなってしまいました。また、一昔前の文庫にやってくる子どもの中には、本を借りて帰って、楽しい思いをした時は、本をかかえて、「おじさん、この本は楽しかったなあ」「面白かった。この続きある？」と言う子どもがいくらもいました。そしてその子どもたちが、絵本の次は『いやいやえん』を借りて、『エルマーのぼうけん』を借りて、『長くつ下のピッピ』を借りて、そして『ドリトル先生』になって、そのうちに『ランサム全集』を読む。私たちはそれが楽しみでした。だけど今や『ランサム全集』なんて七、八年、誰も借りた者がない。一番棚の高いところでそのままです。これは、どこの文庫でも、図書館でも起こっていることだと思います。

◉命のないことばをなくし、肉声を回復する

私たちは、子どもたちに本当に本を読んでもらいたい、本を読む楽しみを味わってもらいたいと心から願っています。しかし、肝心な子どもたちのことばの力に変化が起きているとすれば、それは子どもたち自身の責任ではなくて、

私たち大人の責任です。そうだとすれば、私たちは、この時に本当に考えなおしてみなければならないと思うのです。とくに幼い子どものいる家庭の中では、氾濫する、肉声でない、人格をもたないことば、そして力も生命もないことば、そういうことばを、できるだけ少なくして、私たちの肉声を回復する。私たちが肉声でお話をしてやったり、本を読んでやったりするということをしていくことが、とても大事なことだと思うのです。

子どもたちはお話を聞くことが本当に大好きです。先ほど言いましたように、実は読むということと同じなのですね。外山滋比古さんは、読むというのは視覚を聴覚に変えることだと言っています。聞くということが、本を読む場合にも、どれだけ大事になるかということを、私たちは考えておかなければなりません。人のお話を聞くことができない子どもたちは、本を読むことができない。本を読むということは、本の中身を読みとることなのですから、それができないのだというふうに言ってよいと思います。

ここで、私はもうひとつ考えておきたいことがあります。それは、なぜ子どもたちにお話をしてやったり、絵本を読んでやったりするのか、ということのもうひとつの理由です。

私たちが赤ちゃんに語りかけることばの多くは、赤ちゃんの生活に深く関わることばです。たとえば、赤ちゃんが泣いている。お母さんはかけ寄って「ああ、お腹がすいたんだね。はいはい、今あげますよ」と言って、ミルクを作ったりおっぱいを含ませたりする。また、赤ちゃんが泣いていると、「ああ、きっとおむつが汚れているんだね。きれいにしてあげるからね」「ああ、今日もいいうんちがたくさん出てよかったね」などと言いながら、おむつを取り替える。そして、お風呂のこと、お洗濯のこと、お父さんのこと、お兄ちゃんのこと、おじいちゃんのこと、おばあちゃんのことといった、赤ちゃんの生活に関わることを、実に多くのことばで語りかけます。

そして、人によっても家族によってもまちまちだと思いますが、ある時期が来ると、私たちは、お話を聞かせたり、あるいは絵本を読んでやったりするようになります。

たとえば、「むかしむかし、あるところに、おじいさんとおばあさんがおりました」といって始まるお話を考えてみてください。私たちが家庭の中で赤ちゃんと話をする時には、「今日、お昼からおじいちゃんが来るかもしれない」とか「今日、おばあちゃんの家へ行こう。何をお土産に持って行こうか」などと言って、お隣のおじいちゃんのこと、裏のおばあちゃんのことを話しています。しかし、「むかしむかし、あるところに、おじいさんとおばあさんが…」ということで始まるお話を聞くということは、いったいどういうことでしょうか。この話を聞くために大事な力は、イメージを思い描くイマジネーション、ことばの力でしょう。自分の知りもしない、まったく生活の中には出てこない人の話を聞くのですから。

エパミナンダスというのは、この世に存在しない人です。あるところにいた、あるひとりの小さい子ども、そのエパミナンダスの話を聞いた時、子どもたちはエパミナンダスになりきることができる。エパミナンダスの見えもしない動作を、汚いとか、ばかだなあとか言ったりする。これは、ことばによって育っていくイマジネーションの力です。私たちはことばの力というものを目に見えるかたちで大事にしがちですけれども、目には見えなくても、お話をちゃんと聞けたり楽しめたり、あるいは、その人になりきるとか、見えもしない場面が見えるなどといったことは、私たちの大事なことばの力であり、そして、そういう力がなければ、本を読むことはできません。

子どもたちのためにお話をしてやったり、あるいは本を読んでやったりすることは、子どもたちのことばの力を育てていっているのです。そして、ことばの力を育てるということは、その子の「生きていく力」を育てていっているのだというふうに考え方を変えたいと思います。ですから私は、子どもが初めて絵本の世界で知る「本を読む喜び」というものが、どんなに大事かと思うわけです。

◉絵本のことば① 『ロージーのおさんぽ』

絵本にはお話があります。そしてそのお話は多くの場合、文字で書かれている。そして私たちは、字を読むことができない子どもたちに、お話の文章を読んでやっているのだと思っておられるでしょう?

『ロージーのおさんぽ』という絵本があります。このお話の文章にはどんなことが書いてあるのかというと、

めんどりの　ロージーが
おさんぽに　おでかけ。
おにわを　すたこら
おいけの　まわりを　ぐるり
ほしぐさの　やまを　こえ
こなひきごやの　まえを　すたすた

へいの　すきまを　するり
はちの　すばこの　したを　すいすい
やれやれ　ばんごはんに　まにあった。
（渡辺茂男訳）

文字の部分はこれだけです。さあこれを、ハッチンスは絵本でどんなふうに描いたのでしょうか。

ある幼稚園で、この絵本を何度も読んでもらっているうちに、子どもたちが論争になりました。いったい、めんどりのロージーは、後ろからキツネが追いかけて来るのを知っていたのか、知らなかったのか、という論争です。皆さんはどう思いますか。もちろん、子どもたちは頭の中で考えているのではありません。絵を見て考えているのです。

「知らなかった」と主張する子どもは、ロージーは、まっすぐまっすぐ、まっすぐ向いて歩いてる。目も首もまったく動かない。もしも、知っていたとしたならば、どこかでちょっとぐらいは、目が動いたり首が動いたりするはずだ。だけども、まっすぐ向いて歩いているのだから、ロージーはキツネが追いかけて来ていることを知らなかった、と言うのです。

さて、「知っていた」と主張する子どもたちの、根拠はどこにあると思いますか？　実は、

『ロージーのおさんぽ』
パット＝ハッチンス 作
渡辺茂男 訳
偕成社

©1968 by Patricia Hutchins　『ロージーのおさんぽ』p.16-17

粉ひき場のところです。

つまり、どの場面を見てみても、キツネがロージーをまさに捕まえようとして失敗するのは、ロージーのせいではなく、すべてキツネ自身の知恵の足りなさなどが原因だった。ところが、です。一場面だけ、ロージーが粉の袋につながっているヒモを足でひっかけている場面があるではないですか。この場面だけが、ロージー自らが意識的に行動している場面なのです。この場面を根拠に、子どもたちは、ロージーはちゃんと知っていたんだと言うわけです。

文字をひとりで読むことができない子どもたちが、絵本を読んで、こういう論争ができるということを、いったいどのように考えたらよいのでしょうか。私たちは、絵本に対する考え方を変えなければならないのではないでしょうか。

私は、ハッチンスという作者のことを調べていて、びっくりしたことがあります。ロージーが、後ろからキツネが追いかけて来るのを知っていたか、知らなかったか、ということを考えた時、もちろん、知っていた、なぜなら音がしているはずだもの、とお考えになった方はおられますか？

「ボチャン」とか「パサッ」とか「バーン」などという音が、必ずしているはずなのです。にもかかわらず、ロージーは平然と歩いていってる。そこに、この絵本のおもしろさがある。そして、ハッチンスはこれをどう描いているか。ハッチンスは、「私はこの絵本の中から音をすべて消した」と述べています。つまり、ハッチンスの計算なのです。そして、私たちはみんな、その計算にまんまとひっかかってしまっているのです！

絵本というのは、なんて面白く、深いのでしょうか。私が絵本の仕事がやめられない理由は、こういう面白さがあるからです。

◉絵本のことば②『ぶたたぬききつねねこ』

さて、今度は『ぶたたぬききつねねこ』という、馬場のぼるさんの本を読んでみましょう。

皆さんご存じのとおり、「♪こぶた　たぬき　きつね　ねこ」というふうに歌えば、誰もが「あっ、しりとりだ」とわかります。この本は、しりとりの本なのです。そして、しりとりが絵で語られています。

さあ、おひさまが顔を出しているところから、お話が始まります。

〈おひさま－まど－どあ〉

おひさまがだいぶ高くのぼりましたが、まだ朝です。そして、窓は閉まっていて、ドアはぴったり閉まっています。お話の始まりですから、これから何かが始まるのですね。このドアから何かが出てくるのでしょうか？　そういう場面です。

……〈あほうどり〉が出て来ました。しりとりですから、〈あほうどり〉は出て行って何かと会い、きっと誰かと、何かと会うでしょう。

……〈りんご〉でした。そして、〈りんご〉を〈あほうどり〉がこつっと突くと、中から〈ごりら〉が出てきました。この〈ごりら〉の片手があやしいです。

……〈ら〉です。〈らっぱ〉をぷーっと吹くと〈ぱいなっぷる〉が飛び出したのです。さあ、これでひとつお話が終わります。

そして、〈るびー─びーだま─まめ─めんどり〉と続きます。めんどりのおばさんがお店を開いています。〈るびー〉〈びーだま〉〈まめ〉、みんな小さくて丸っこい物です。面白いですね。きっと、誰かが何かを買いに来ます。さあ、誰が何を買いに来るのか？

……〈りす〉が来ました。〈まめ〉を買いましたね。そして、〈すべりだい〉をすべって、〈いす〉を取り出して、〈すばこ〉に〈まめ〉をやっています。〈すばこ〉に続くのは、〈こうとり〉です。〈ことり〉だと思っていたら、大まちがいでしたね。絵本というものは、次の場面を想像する。そして、「想像どおりになった」とか、「あれ、違った」というふうなことで、私たちは本を読むという喜びを味わっていくのです。

〈り〉です。〈りゅっくさっく─くま─まくら〉、と続きます。そして、〈らっかせい─いんこ〉。箱の中には、〈らっかせい〉が入っていて、〈いんこ〉が〈らっかせい〉を食べています。そして、〈こっくー─くしー─しちめんちょう〉と続き

『ぶたたぬききつねねこ』馬場のぼる 作より

『ぶたたぬききつねねこ』
馬場のぼる 作より

ます。〈くま〉は〈こっく〉さんでした。そして、焼鳥を用意しています。そこに〈しちめんちょう〉がやって来ました。〈こっく〉はしめしめと思い、〈しちめんちょう〉は、たまらないと思うわけです。そこに、〈うばぐるま〉がありました。〈しちめんちょう〉は、〈まっちーちょこれーとーとうがらしーしょうゆ〉を〈うばぐるま〉から引っ張り出して〈うばぐるま〉に逃げ込んでガタガタふるえています。そこに〈ゆき〉が降ってきて、同じく寒さにふるえる〈きりぎりす〉が現れ、〈すとーぶーぶたーたぬきーきつねーねこ〉と続きます。

この〈ねこ〉、何か誘っていますね。あっ、〈こーと〉を着てお出かけです。どこ行くのかなあ?……〈とんがりぼうし〉をかぶった〈しろくま〉の家でした。そして、〈まく〉を開けます。さあ何が出てくるかな?……〈くりすます〉のパーティーに、およばれだったのです。

こうやってこの絵本を、「絵ということば」で読んでいくと、お話がちゃんとあることがわかります。文字の部分だけ読むと、本当にただのしりとりで、脈絡も何もありません。ところが、「絵ということば」でこれを読んでいくと、ちゃんとお話がある。ここのところが、私は絵本の絵本たるゆえんだと思うのです。

絵本を読む場合には、私たちは「絵ということばでお話を読みとる」ということなしには、絵本を楽しむということができない、ということを皆さんにもよくわかっていただきたいと思います。

◉楽しいから、くりかえし読む

さて、子どもたちは絵本を繰り返し繰り返し読んで楽しみます。まだ文字で本を読むことができない、「絵本年齢」というふうに言ってもよいと思うのですが、そういう時代の子どもたちの持っていることばの力の素晴らしさを、ひとつ見ておきたいと思います。

俵万智という歌人をご存知でしょうか。彼女がある雑誌に書いていた「体験的読書論」という記事で、小さい時に『三びきのやぎのがらがらどん』(マーシャ・ブラウン作、瀬田貞二訳、福音館書店)という絵本が大好きだったということを書いていました。

お母さんに日に何度も読んでもらって、最後には、どのページにはどういうことば、どの絵の場面にはどういうことば、というのをすべて覚えてしまって、始めから終わりまで読んでいた。そして、「チョキン、パチン、ストン。おはなしはこれでおしまい。あーおもしろかった」と言って本を閉じるのが、彼女の最初の読書の体験だったそうです。そして後年、自分がそれを読んでいる場面を両親が録音していたので聞いてみたら、なんと、絵本と一言半句違わなかった。彼女は、三歳の子どもの記憶力に、今さらながら驚いたと書いていました。

私は、これは俵万智さんだけに起こることではないということを知っています。子どもに繰り返し繰り返し、何度も何度も読んでるうちに、子どもは絵本を全部覚えてしまいます。覚えないとしたら、多くの場合、子どもはもっと読んでもらいたいと思うのに、お母さんが「もういい、次の本にしよう」と言って読んでくれないから、覚えられないのです。私たちが、子どもが気に入った本を繰り返し読んでやれば、子どもはちゃんと覚えてしまいます。そしてその読み方は、驚くほどお父さんそっくりだったり、お母さんそっくりだったりします。

私たちが今『三びきのやぎのがらがらどん』を覚えようとしてみると、どんなに難しいでしょう。私も、『三びきのやぎのがらがらどん』を覚えようと思ったことが何度もあります。文字を全然見ないで子どもたちに読んでやるには、覚えなければいけません。しかし、なかなか大変です。なぜでしょう。これはつまり、文字が読めるようになるからです。文字が読めるようになるということは、記憶力が衰えるということです。文字が読めない間の子どもたちのことばの素晴らしさというものを、よく見てください。子どもたちは毎日毎日、新しいことばを覚えて、それを使います。ある時には、滑稽なとんでもない使い方をしたりして、私たちはそれを笑ったりしますけれど、あの時期の子どもたちのことばの力の素晴らしさというものを、私たちは本当に大事にしなければなりません。

それからもうひとつ、子どもは自分が気に入った本を十回も二十回も五十回も百回も読むということがあります。楽しいから読むのです。楽しくなかったら読むことはありません。子どもたちには、楽しみのない読書はないのです。

この世のどんな強制をもってしても、子どもが読みたくない本を、むりに読ませておくことはできない。自分たちの選択の自由を、子どもたちは、たいしたたくみさと頑強さで守りぬく。もちろん子どもたちにしてみれば、どうして自分がこの本をはねつけて、あの本にしがみつくのかというわけを知らないだろう。子どもたちの判断力は、めったに分析的でないからである。しかし、それは、ある純粋なもの――楽しみに根ざしている。「楽しみのない」場合は、もし読んだとしても、いやいやのことなのである。

（リリアン・H・スミス著『児童文学論』岩波書店、五－六頁）

子どもたちは、楽しみがなかったら読みません。私たちが絵本を買う。一五〇〇円もする。高いなあと思って買う。そして、子どもが一度しか読んでもらいたがらなければ、もったいないと思う。だけど、子どもに「あんたこの本、一五〇〇円もしたんだよ。もう一回読んであげるからね。せめてもう一回読んであげるからね。ここにいらっしゃい」と言っても、その本が楽しくなかったら、子どもは「もういい」と言うに決まっているではないですか。子どもは楽しいから、繰り返し読むのです。そして、先ほどから述べているように、子どもたちは絵ということばを読むのです。あれほど絵本が好きだった子どもが、字が読めるようになると、本当に絵が読めなくなってしまう。お話を楽しみ、味わうけれども、絵でお話を楽しむということがだんだんできなくなってきます。

◉子どもたちの選択力

絵を本当に楽しんでいる時期には、一体、何が起こっているのでしょうか。

西巻茅子さんという画家がいます。彼女は一九六七年に、こぐま社で彼女の第一作となる『ボタンのくに』を出版しました。第二作は『まこちゃんのおたんじょうび』、第三作が『わたしのワンピース』、第四作が『きんぎょのトトとそらのくも』、その後もずっと、彼女はさまざまな絵本を作り続けています。そして、彼女の絵本は、子どもたちに大変愛されています。

西巻さんは一つの場面を描くのに、十枚も二十枚も、多い時には五十枚も描くのです。その場面の主人公になりきり、ひとつの世界をつくりあげて描いていくために、彼女は何枚も何枚も描きます。そして、「佐藤さん、あなたこの中からどの絵を選ぶ？」と聞きます。同じような絵で描かれている同じ場面から、一番いいものをどうやって選べばいいと思いますか？

私たちは当然、ここの線がかすれている、これはきっと彼女が気に入らなかった。この目の位置がちょっとずれている、だから、この絵が気に入らなかったんだ。そういうふうに判断するじゃないですか。そうやってはねていっても、この絵だろうというふうには、なかなか選べません。

彼女は、「佐藤さん、あなたには選べません。だけど、三才、四才の子どもは、私が選ぶ絵をちゃんと選べるわよ」と言うのです。これは本

あかい　ぼうしは　おじいさん
あかい　えりまき　おばあさん
あかい　てぶくろ　おとうさん
あかい　ブーツは　おかあさん
きょうは、まこちゃんの　おたんじょうびです。
まこちゃんは、みっつに　なりました。
たくさん　プレゼントを　もらって、とても　うれしくなりました。
「みんなに　みせて　こようっと」
まこちゃんは、スキップしながら　でかけました。

『まこちゃんのおたんじょうび』
にしまきかやこ 作より

当に、考えてみなければならないことです。西巻さんはかつて、こんなふうに書いています。

　幼い子どもは、ことばをまだちゃんと知らなくても、文字を読みとる力がなくても、さまざまなものごとを見たり、聞いたり、触れたりして、感情を、心を育てている。そこから世界を知ろうとしている。そのことは人間が生きていくうえで、基本的な力となるべく必要なことがらであり、太古の昔からほとんど変わらず、幼い子どもが持ち続けてきた力なのであろう。私は二十数年、子どもの本を作り続けてきて、やっと今このことに深く思い至っている。幼い子にとって、喜び、悲しみ、怒り、そして何よりも自分を受け入れてくれる大きな世界の存在を感じとることの意味は大きい。それは、母親や身近な人たちとの交流から受け取るべきものであることは言うまでもないが、その他に子どもを取り巻く環境の中に、私の絵本が入っているのであれば、やはり心をこめて、魂をこめて、作らなければと思うのである。本当に幼い子どもと共感しあえる世界を、絵本の中に作ろうとすれば、太古から人が持ち続けてきた素朴な感情と素直な人間感を私自身が持ち続けている以外にはないだろうと思う。それは現代人として育ってしまっている私たちにとってはとても難しいことでもあるのだ。

私は西巻さんが選ぶその一枚を子どもが選べるということ、このことに、深く心をいたしたいのです。そして、私たちはそういう力を、かつては持っていた。しかし、もう失ってしまっているのです。そして、子どもが十回も二十回も百回もその絵本を読んでいる、その絵を見続けているうちに、子どもたちは、美しいものを見た時にどういう気持ちになるのか、真なるものに触れた時に自分の心がどんな躍り方をするのかということを、体で覚えていっているのでしょう。

◉自分を楽しませる本への嗅覚

私たちは一生懸命、心を込めて絵本を作っています。しかし、そうして作ったどの本をも子どもたちが抱きしめて離さなくなるかというと、そんなことはないのです。そして、なぜこの本を選んでこの本を選ばなかったのかという理由が、私たちにはわかりません。しかし、さまざまな理由をつけて、私たちは考えるのです。『わたしのワンピース』や『しろくまちゃんのほっとけーき』や『11ぴきのねこ』が、どうしてこんなにまで長いこと、子どもたちに喜ばれているのか。いくらその理由を考えても、そういう絵本ができるわけではありません。これは、本当に不思議なことです。子どもたちの本物を見分けるその力によって、絵本のロングセラーというのは作られていくのです。

私たちがどんなに生命をかけて、エネルギーを注ぎ込んでも、子どもたちが喜び、「もう一度読んで」と持ってくることなしに、絵本のロングセラーが生まれることはありません。リリアン・スミスさんは、そういう本を繰り返し繰り返し読むことで、子どもが好きな本の秘密がわかる、というふうにおっしゃっているけれども、私も本当にそうなりたいと心から思っています。そして、絵本年齢にある子どもたちの力というものを私たちが大事にするということなしに私たちの未来はないというふうに断じてよいと、私は考えているのです。

子どもは、自分を楽しませる本というものがここにあるのだということを知った時に、何度でもその本を「読んで」と持ってきます。ですから、もっともっと子どもたちが大好きな絵本に対して目を開いていくこと、次から次に洪水のように出てくる新しい絵本に惑わされることなしに、長いこと読み継がれてきている本、その生命と力とに、もっともっと私たち自身が打たれることが、絵本と子どもとを出会わせていくという仕事をしている人たちにとって、とても大事なことだと思えて仕方がないのです。

◉見えないことば

私は今、ことばというものがとても軽んじられ、目に見えることばの力というものだけが大事にされていることを、大変悲しく思っています。たとえば、「あなたは字が読めるようになったから、本をひとりで読みなさい」と言う。私たちは、自分が本を読んでやる労から解放されることを願って、子どもに早くから字が読めるようになってほしいと思う。そして、隣の子どもが字の読み書きができるのに、自分の子どもができないと、遅れているんだというふうに思ったりする。

しかし、よく考えてみましょう。早くから読み書きができるということに、いったい人間にとってどんな得があるのでしょうか。「あなたは字が読めるんだから、ひとりで本を読みなさい」と言われることは、その子にとって大変な損失でしょう。なぜなら、本を自分で読んで楽しむということは、まだできないのですから。文字ということばで本を読みとっていくということは、難しいことなのです。字が読めれば本が読めるということでは、決してないのです。

私たちは、『子どもに語るグリムの昔話』という本を出しましたけれども、これを出してつくづく思うことがあります。「子どもに語る」と名付けたのは、お話を声に出して語ったことばを文字として定着させたものだからです。読む人たちは、なんて読みやすいんだろうと言います。読みやすいということは、聞きやすいということでもあります。そして、そのグリムを何度も何度も耳から聞いた子は、今度はこれを自分で非常に楽しみながら読める。これは、図書館において、読書との関わりというところでストーリーテリングが大事にされている、ひとつの理論的な根拠でもあります。

聞くことばというものが、どんなに読むことばと深く結びついているのかということを考えると、私たちは字が読めるようになった子どもにも、積極的に本を読んでやりたいと思います。それが、子どもたちを本好きにする唯一と言ってもいいほど大事なことだと思うのです。本を読むことが、こんなに楽しいことなのだということを味わえば、人は本を読みたくなります。

◉幼いときに本を読んでやるということ

静岡に、ある子どもの本屋さんがあります。子どもの本屋さんですから、そこのご主人は自分の子どもにも、小さい時にはずいぶん絵本を読んであげたそうです。そして、本好きになることを願っていました。

ところが、その男の子は、小学校の三年生になった時から、マンガ本ばかり読むようになって、お父さんが読んでほしいと思う本は、まったく読まなくなったというのです。もちろん自分の家には、福音館書店の本も岩波書店の本も、良いと言われる本はたくさん揃えてあります。しかし、まったく読まない。そしてご主人は、自分は幼い時の読み聞かせというものが本好きにさせる一番大事なことだと人に話してきたし、確信も持っていたけれど、それは本当だろうか？　と疑いを持ちだしたと言うのです。

その子は、釣りがものすごく好きだそうです。しょっちゅう釣りに行っていて、釣りに関する本だけは、本屋に行って買って来て、かなり難しい本まで読んでいるという。そして、六年生の夏休みのこと、その子が友だちといっしょに浜松へ行った時、友だちが用達しをしている間に、時間をつぶすために一人で本屋に行ったそうです。その時に、テレビ番組化もされたような内容のお話の文庫本を一冊買った。それ以来、また本の世界に戻ってきたというのです。だから、子どもたちは、もしかしたらしばらくの間、マンガやファミコンに興味が移る時期があるかもしれないけれど、小さい頃に本をたくさん読んでやれば、また必ず読むようになるという確信を改めて持っていいます、という話を、私にしてくれました。

◉人生を生きる力

今、子どもたちを取りまく環境は大きく変わってきています。子どもたちをひきつけるものがたくさん出てきている中で、小さな時に本を読んでやっていさえすれば大丈夫だというようなことはないのかもしれません。その途中で、さまざまな出来事があって、私たちを暗くさせるようなこともあるかもしれない。しかし、子どもも時代に本を読んでもらったり、お話を聞かせてもらったりする、そして、本を読むという喜び、ひとつの本の中に描かれる世界で主人公がさまざまな体験をすることを自分が一緒になって体験していく、そういう豊かな経験を幼いうちにすることが、どんなに大事でしょうか。

「おおかみと七ひきのこやぎ」の話を聞いた子どもは、お母さんの留守に怖いおおかみが家の中に入ってきて食べられてしまうという、本当にもうこの世では考えられないような恐ろしい経験を子やぎたちがするお話を聞くわけでしょう。しかし、すべての優れた児童文学作品は、必ず幸せな結末で終わるのです。

子どもたちは、これから現実を生きていく中で、悲しい経験や、どうしたら生きていけるだろうかと思うようなつらい経験をしていくと思う。しかし幼い時にお話を聞いていた子どもたちというのは、この悩みや苦しみは必ず過ぎ去っていく、必ずこのトンネルは抜けることができて、むこうには明るい希望があるんだということを確信することができるのです。それこそが、人生を生きていく力だというふうに言うことができるし、荒海の中で錨をおろすということだと思うのです。ですから、そういった経験をたっぷり子どもたちにさせてあげたいのです。

◉新しい希望のために

あるとき私は、「あひるの一族」（岩波少年文庫『みどりの小鳥』所収）というイタリアの昔話をとても面白いと思い、これをぜひ文庫の子どもたちに読んでやろうと思って読んでやりました。ところが、子どもたちはぜんぜん面白がらなかった。私は、こんなに面白い話がどうして……と悲しくなって、そして、今の子どもたちは……というところに結びつけて、考えたりしていました。

ところが、それから一ヶ月か二ヶ月たった頃でしょうか、東京子ども図書館で、おはなしのおばさん、つまりお話を語っている平田さんというおばさんが、「あひるの一族」を語るのを聞く機会がありました。そして、やっぱりこの話は面白い、もう一度やってみようと、ずいぶん練習をしました。覚えるところまではいきませんでしたけれども、何度も何度も声に出して読んで、家内に聞いてもらって、きつねとあひるのやり合いを歌にしたりしてみて、同じ子どもたちに、もういっぺん読んでみたのです。

子どもたちはよく聞きました。そして、「今の話は面白かった。また、してちょうだい」と言うのです。私は、ほんのしばらくでも、今の子どもたちは……というふうに考えたことを、とても悪かったと思いました。

子どもたちが変わっていれば、私たちも変わらなければいけません。私たちが、今の子どもたちは……と思うことを変えなければいけないし、変わってきている子どもたちのためには、私たち自身のことばの力を回復する。それは、私たち自身がお話に感動して、楽しんで、子どもたちを引きつけられるまで本当に練習するとか、そういう努力をしていくということが、大事なんだと思います。

先日、おはなしおばさんから、すばらしい話を聞きました。そのおばさんがお話を語った際に、前の方で一生懸命に聞いている女の子がいた。そのお話は、王子様とお姫様のにぎにぎしい結婚式で終わるグリムのお話だったと思います。めでたしめでたし。すると、一生懸命に聞いていた女の子がつかつかとおばさんのところまでやって来て、「おばさん、その結婚式に出てたの?」と言ったというのです。

そのおばさんは私に、「佐藤さん、私はこれまでたくさんのお話を語って、いろんなことを言ってもらってきたけれどもね、これは本当にうれしかった。勲章をもらったような気持ちだった」と言いました。

こういうことは、今でも起こるのです。私たちはそういう出会いを、子どもたちと一緒に経験することができます。そういう生きたことばの力と生命とに、私たちが、子どもたちが触れるということが、どんなに大事なことでしょうか。私はその時、子どもたちの心が大きく育っていくことを確信することができます。そして、その時にまた、私たちに、新しい希望がわいてくるのです。

(「子どもの本に関する講演会」生駒図書館、一九九二年六月二十六日)

ii

絵本編集と出版の夢を追いかけて

《座談会 — 1971年》

戦後の絵本の発展

画家
太田大八
こぐま社 代表取締役社長
佐藤英和
至光社 代表取締役社長
武市八十雄
福音館書店 代表取締役社長
松居直
児童文学者
司会：古田足日
※肩書は収録当時

古田　きょうは、おいそがしいところ、お集まりいただいて、ありがとうございます。きょうの座談会のテーマは「戦後の絵本の発展」と予定していますが——。

松居　ぼくのもらった案内状には、「絵本の現状」とあるよ。「発展」なら資料の用意をしてくるんだったんだけど。

古田　「絵本づくりの現状」でけっこうなんです。きょう、この座談会に出席をお願いしたのは、至光社の武市さん、福音館書店の松居さん、こぐま社の佐藤さん、画家の太田さんに、作家のいぬいとみこさんですが、いぬいさんは信州へ行っていて、残念ながら欠席です。

この方がたにお集まり願いましたのは、たとえば本誌の実践記録のなかに現在小学校二年生の子どもが赤ちゃんのときから、どういう絵本を見てきたかという報告がありますが、至光社の絵本からはじまって、岩波、福音館の本を経由する。そして、その子が興味を示さなかった本としては、たとえば小学館などがあげられています。

いぬいさんは当時、「岩波の子どもの本」の編集者でした。そして武市さん、松居さん、それぞれ戦後の新しい絵本の推進者でした。佐藤さんは今日、やはりその絵本の仕事を進めていこうとしていらっしゃる。太田さんは画家の立場から、こうした仕事をどのようにごらんになってきたか、そうしたことを知りたいと思っています。が、十数年にわたるいままでの仕事の結果がどのようになっているのか、これからどのようになさろうとしているのか、これもあわせておうかがいしたいので、話がどこへいこうと、けっこうなんです。

◉絵本づくりの現状は〝花ざかり〟か

武市　はじめご依頼があったときに、私ちょっと松居さんに電話したのですけれども、絵本は花ざかりだ、ということばが編集部からいただいた手紙の中にあるのだけれども、はたして花ざかりだろうか、と言ったら、いや、そうじゃなかろう、と。私も、そうじゃなかろうと思う。われわれ皆長いこと絵本づくりをしてきたが、今日の現状は、はじめ想像したものではありませんね。表面では〝花ざかり〟という言い方があるかもしれませんけれども、だいぶそこにはリプレイスメントというか、すり換えがある。こんなはずではなかったという虚脱感——挫折感とまでは言わないけれども（笑）——が、相当僕にはあるのでね。

松居　まったく、その点では同感だな。

武市　そういう状態ですね。まず最初に印象から言うと。

それでは、はじめ理想というものがはっきりあったかというと、言葉で言えるものは、なかったと思うのですけれども、しかし何やらあったことは確かだと思うんですよ。はっきり言葉では言えない。言えないからこそ、形にしようとしたのでね。

その言えないと思ったことが現状とピッタリいっているかというと、われわれ、一種の挫折感というか……それはけっして社会が悪いとか周りが悪いとかいうんじゃなくて。

松居　われわれ自身も含めてね。

佐藤　私は絵本づくりをはじめて五年ですけれども、お二人を中心とした日本の絵本づくりのお仕事の上にわれわれの仕事が乗っかっているということから言いますと、武市さんや松居さん、それから「岩波の子どもの本」というお仕事がなかったら私どもの仕事はなかったと、はっきり言っていいと思うのです。そういう点では、やはり一つ実を結んだとして高く評価していいんじゃないかと思うのですけれどもね。

武市　僕は必ずしもそうは思わないんだ。というのは、なんと言ったらいいのかな、非常に今、平面図として見れば豊かにひろがりましたね。しかし逆に、問題点が複雑化、多様化してきましたね。それで根元において、絵本でなければ、という焦点の絞り方は、多様化したことによって甘くなってきた。よけいつかみ難くなってきた。たとえて言えば、今まで一次方程式であったのが連立方程式になってきた。なにかそういう多様化の森へ引きずり込まれている感じがありますね。十年、十五年、二十年前のことを考えると、あらゆる面で物質的な欠乏困苦は非常に多かったし、経済的な苦労は今以上に多かったことは確かだけれども、問題はわりと単純でしたね。

松居　つまり今は、絵本づくりというエネルギーが、凝縮して結晶していくのではなくて、なにか拡散してしまいましてね。もっと仕事というものは凝縮して結晶していかないといけない。自分自身の仕事もそうですね。一つは僕たちが社会的な影響を受けているということ。自分自身の生活がガチッとしていなければ、そんな仕事は僕はできないと思う。自分の生活がいったいあるのかないのか、わからんような毎日でしょう。それではいいものはできないと思います。

武市　もう一つは、戦争直後のころは物がなかったでしょう。紙もないし、印刷所もいいものがないから、デラックス化ということはしようと思ってもできなかった。ところが今は、金をかければ一見デラックスなものができる。そこへ逃げ込んじゃうんだ、はっきり言うと。つくっている出版社も、読者も含めて、そのへんの曖昧さの中で、ある質のものができているという錯覚へ入っているわけだ。

松居　大きいことはいいことだ、みたいなものがあるしね。

武市　終戦直後から十年間くらいは、デラックス化しようにも方法がなかった。ほんとの絵描きさんの燃えている生命みたいなものに頼る以外にすべがなかったわけだ。

松居　そうですね。技術ではごまかしがきかなかった。

武市　今は、手に取って下さる方もわれわれも、安易な妥協は、しようと思えばし得る。

松居　し得るだけでなく、しているんですね（笑）。

古田　太田さん、いかがですか。

太田　企業的な目から見た意見というのはわかりませんけれども、絵描き自身が今まで感じたことというと、僕なんかの場合、やっと最近になって絵本を描かせてもらえるような状態になったと思うんですよ。それまでは、なかなか陽の目を見ない時代が長かったですね。たとえば福音館なんかから頼まれたりすると、いい絵本が描けるというのでひどく喜んだりしたのですけれども、それもほんの時たまでしょう。それで十年くらいのブランクがあったと思うのです。だから、やっと最近になって僕は絵本が描けるという気持になってきたわけです。

というのは、今から十七、八年前かな、童画会というのに入ったときに、アンデルセンの絵本の形で僕は展覧会に出したのです。ところが当時は、ほとんど油で額縁に入れた絵がいいとされていて、落選したわけです。僕はそれにだいぶ反発を感じて、童画という人たちの集までどうしてもっと絵本的な発想で展覧会をしないのかというふうに思ったことがあるのです。当時の童画会には、そういう一種のタブロー・コンプレックスにつながるものがあったと思うのです。どうしても、上野の森に、展覧会に近づくほうがいい。だけど、それはちょっと錯覚だと思うのです。やはりコミュニケートする絵というものを、もっと大切にしていったらよかったと思いますね。

古田　現状について、二つの意見が出ましたね。太田さんの言われるように、今やっと描けるところに来ている、という面。それから武市さん松居さんのご意見としては、じつは自分が思っていたことと違っている、という問題。

武市　太田先生のおっしゃった意味は、一つの舞台ができた。戦後十五年か二十年の間は、舞台すらなかった。それが今は、宝塚の舞台かなにかできちゃって、たしかにそのこと自身はいいんだけれども、肝心な、どういうことが絵本であるかということについてもう一回絞り上げないと、舞台だけ華やかになっちゃって、多様化されちゃって、そしてある程度デラックスにできればこれは絵本であるということになっている。

　極端に言うと、画集は絵本でない。これは手前味噌ですけれども、うちの本が、ときどきか始終かしりませんけれども、ある程度デラックス化して画集に近いので、これでは絵本ではないと僕はよく言うのです。もちろん絵本とはこういうものだと一言に言えるものではなくて、いろいろなものがあっていいのだけれども、しかし絵本の生命としてはこういうものなんだということを、皆がもう一回絞り直す時期に来ているのではないか。

松居　案外素朴なものだろうということは思いますよ。非常に今、それを強く思っているのです。

　たしかに太田先生がおっしゃったとおり、今、場はあるわけですね。買手市場か売手市場かわかりませんけれども、それほど場はある。けれどもある意味で、芸術というのは場ができるとよくなくなることは歴史的にもありますね。そうい

う中でほんとうにいいものを作っていくということは、今のほうがはるかにむずかしい。

佐藤　僕は絵本づくりをしていて、絵本というのは画家の仕事が非常にだいじだと考えるものですから、今、太田先生がおっしゃるように、タブローとは違ってコミュニケートできる、語りかける、そういう絵の描ける人をずいぶん探して来たつもりです。事実、イラストレーションとか、子どもの本の絵を描いていらっしゃる人で、絵本をやりたいとおっしゃる方はたくさんあるのですね。ところが、それではやってくださいと言うと、実際には描けない。〝描けない〟という言い方はなかなかむずかしい問題がありますけれどもね。出版社からあれこれと注文や制約をつけられると、もっと自由に思いっきり自分の絵を描きたいと思っていても、どうぞ自由にあなたの絵本をつくってみてくださいと言うと描けないというケースは実際にありましたね。

◉「岩波の子どもの本」と「こどものせかい」と「こどものとも」

古田　今日の絵本の発展に「こどものせかい」「こどものとも」がはたした役割は大きいと思いますが、ひとつ、それについて。「こどものとも」の創刊は昭和三十一年、「こどものせかい」はそれよりはやくて昭和二十四年ですね。

松居　私ははじめ「こどものとも」をやりかけたころに、武市さんがすでにやっていらっしゃる仕事を、いろんな絵描きさんのところで何度も見せていただいて、たいへん刺激になりました。ちょっと方向は違いましたけれども。で、途中で武市さん、またちょっと変わりましたね。

武市　変わりましたね。変わったころのいつだったか、うちの「ひろば」というので、二人で対談をしたとき、あれは忘れられないよ。結論は、とにかく二手に別れようじゃないか、同じことを二人がやることは全体にとって馬鹿馬鹿しいから――。

松居　僕はできるだけ物語の絵本をやっていく、ということを申し上げた。

武市　僕はもっと感覚的な、ワンショットで切るような方向へいきたい――。

古田　「岩波の子どもの本」が出始めるのが昭和二十年代の終わり……。

佐藤　二十八年ですね。

松居　僕は「岩波の子どもの本」に触発されたわけです。あれで絵本というものを改めて知ったわけです。

　だいたい僕は昔、「コドモノクニ」という絵雑誌の体験はあるけれども、絵本の体験はわりあい薄いのです。弟が「講談社の絵本」の時代なのです。僕が五、六年生のころに、「講談社の絵本」がどんどん出始めたわけです。僕はちょっとそれとはズレているから、僕の中には「コドモノクニ」という絵雑誌が強烈に残っている。三歳、四歳、五歳、六歳、それでやってきたわけです。そのあと幼稚園へ入って「キンダーブック」でしょう。横長の大きな本。

武市　僕も覚えている。

松居　なんてでっかい本だろうと思ったですよ。

「講談社の繪本」124
『國姓爺合戰　和唐内物語』井川洗厓 繪他
1939 年、大日本雄辯會講談社
（国立国会図書館蔵）

右「コドモノクニ」第3巻第1号、1924年、東京社
左「キンダーブック」第3輯第10編、日本玩具研究會 編、1933年、フレーベル館
（国立国会図書館国際子ども図書館蔵）

武市　異常に大きいと思ったよ。

松居　今見ても大きい。昔、長帳というのがあったでしょう、宿題の。あれみたいな（笑）。

　ところが「キンダーブック」と「コドモノクニ」と並列で僕は読んでもらったけれども、「コドモノクニ」の印象のほうがはるかに強烈なのですね。

　それを繰り返し繰り返し見ていたし読んでもらった。ですから僕の児童文学は、出発点が北原白秋、あの本からです。あの中の、岡本帰一とか、清水良雄とか、武井武雄とか、初山滋、本田庄太郎、そういう絵のイメージがものすごく強烈に僕には残っている。絵本をいざやることになったときに、それにびっくりしたわけです。自分の中に残っているイメージが鮮明で。

武市　いわゆる幼児体験だな。

松居　こんなに強いものかと思ったですね。

もう一つは「岩波の子どもの本」で、僕が知ってた絵本と違う絵本を見せられたわけですね、あ、こんな世界があったということ。それは子どもだけではなくて、僕が大人として読んでいて面白い。こんな面白いものなら僕は作ってみたいという気持があった。物語の絵本というか、そういう一つのカッチリしたテーマを持っている。しかもオリジナリティのある絵本の魅力は完全に「岩波の子どもの本」です。

武市　松居さんに対応して言うと、僕はフランスで生まれてフランスで幼児期育ったものだから、やはりフランスの絵本の印象がひどく強いのです。今でも相当持っています。フラマリオンの系統のもの。ペール・カストールのもう一つ前の時期のものですけれども、ちょうど「コドモノクニ」に匹敵するようなものでしょう。それが一番強いですね、感覚的なものが。禅の世界じゃないけれども、非常に言葉の定着化することを嫌っているフランスの伝統みたいなものね。それがエスプリと言うんでしょうけれども。つまり説明によって定着させない。写真で言えば、あくまでも現像したままくらいの状態で完成している。定着しているのは、おのおの手に取る読者が定着させる。定着までして本としてさらさない。エスプリのままで出す。それが一番響いているでしょうね。

松居　イメージとイメージがぶつかり合って火花を散らすような感じですな、フランスのは。

武市　そうそう。

松居　僕はどちらかというとイギリス的な絵本の考え方をする。非常に違ってますよ。

武市　そこが僕と松居さんと分れるところでね。そのことについて何年か前に、二手に別れようと話し合った。

松居　未だに別れっぱなしで（笑）。

古田　武市さんの場合は「岩波の子どもの本」は……。

武市　やっぱりあの時期が、今にして考えてみると、日本の絵本が誕生しかけた時期じゃないでしょうか。野球で言えば初めてセンター前にヒットを打った時期なんじゃないですか。

ただ私ははっきり言って、昭和三十七、八年くらいまでは暗中模索で、だから絵本としてどんなエンジンを積むかということはいちおう措こう。ではなにをするかと言ったら、とにかくあまりにも戦後、印刷とか用紙とかがひど過ぎてせっかく絵描きさんの描いたものが滅茶苦茶になって出てきちゃう。絵描きさんはそれによって情熱を失ってしまう。作品というものはわが子のようなものですから、それが見るも無惨な形になって出てきたら、二度と描きたくないという気持になるのは当り前だ。まず製版と印刷と用紙の技術をレベルアップして受け入れ態勢を作ろう、しかるのちエンジンについては考えようというのが、三十七、八年まで続きましたね。だから本格的に、絵本でなければできないものはなにを狙うかということへ入ったのは、三十七年くらいからじゃないですか。

松居　その出発点は、武市さんは今でも変わっていらっしゃらない。はっきり一貫しているところですね。それはえらいと思います。

武市　それはなぜかと言うと、僕がよく言うように、いぬいさんとか、石井桃子さんとか、岩波の系列が生きている。それから松居さんの系列が生きている。それから佐藤さんも仕事を始めるとき来てくれて、僕も、俺と違うものをやってくれと言って、違う系列がある。つまりいろいろあり得るから、うちが極端に一つの個性でいきたい。もしうちみたいないき方ばかりになっちゃったら不幸のもとなので、いろいろなきゃいけないんだ。

松居　武市さんがやっているのは僕にはとてもできない（笑）。

武市　だけど、活字にしていいかどうかわからないけれども、講談社、小学館という時代はみな同じだったろう。あれだけはわれわれは避けたい。できるだけ全面展開というか、距離を置いて進んでいきたい。それは私は、松居さんの絵本は絵本として認めないとかいう意味ではなくて、それを十分に認めているからこそ安心して私は私の道をいきたい。

松居　僕もそう思った。

古田　太田さんの場合、「岩波の子どもの本」の感じはいかがでしたか。

太田　一般的にはおそらく小学館、講談社の絵本というのが全面的に受け止められていたと思うのです。「岩波の子どもの本」というのは、ごく限られた人達が新しい本として感じたと思うのです。その新しいお母さん方を育て、啓蒙していったということには、たとえば福音館とか、至光社とかいったところで、いろいろ絵本について講演して歩きますね。そういう功績がずいぶん大きいと思うのです。そういう意味ではずいぶん僕らも仕事がやりよくなったし、今後そういうお母さんがうんとふえなければいけないと思うのですけれども、まだまだ日本全部から見れば少ないでしょうね。

佐藤　さっきの松居さんや武市さんのお話に即して言えば、僕は幼年時代田舎で育ったということもありますけれども、「コドモノクニ」は見なくて、「キンダーブック」は見ていました。しかしそれほど印象はないですね。

武市　あれは不思議だね。僕も見ていたけれども、それほど印象に残っていない。

佐藤　ところが、私は昭和二十八年に子どもの絵本の編集者を志して編集者になったわけですけれども、それと前後して、岩波の「少年文庫」であるとか、「子どもの本」であるとかが出て、今まで自分が親しんでいた日本の児童文学というものと全く違う世界に触れたのです。そのうちに自分にも子どもができて自分の子どもに与える絵本というのを考えたときに、ちょうど日本の児童文学と岩波少年文庫なんかで紹介される海外の本格的な児童文学との差を、絵本の世界でも非常に感じたわけです。つまり岩波で出ている『ちびくろ・さんぼ』とか、『ひとまねこざる』とかを、子どもがものすごく喜ぶし、僕自身も読んでいて楽しいということが実際にある。そういう中で、「こどものとも」とか、「こどものせかい」とかを見ていて、やはり日本にも新しい絵本の時代が来ているんだということを感じて、僕も子どもの本の編集をするならば、なんとか絵本の仕事をしたい。絵本の仕事というのは最も原初的なものだし、そして僕が岩波の少年文庫なんかで見た外国の児童文学を支えているものは、根元的には絵本の世界なのだということを感じたものですから、なんとか自分もいい絵本を作りたいということを願い続けて、お二人から見れば出発は非常に

岩波の子どもの本
『ひとまねこざる』
H・A・レイ 作
光吉夏弥 訳
岩波書店

遅れたのですけれども、なんとか日本にいい創作絵本を作りたいということで絵本づくりをはじめたわけです。

松居　佐藤さんが一番筋が通っているんですよ（笑）。僕らは走ったことは走ったけれども、どこへ行ったかわからないようなところがある。

武市　そしてわれわれが迷い道して飛び込んでいるのに、あとの人がそれと一緒に走って来るんだから（笑）。

松居　僕が絵本に入ったときに、月刊で子どもの物語絵本を出そうということは、きわめて世俗的なところから出てきているので、理想があったわけじゃないのです。絵本をやらなければならないという会社の中での営業上の問題が出てきた。そのときに、見渡したところ「キンダーブック」だとか、いわゆる保育絵本というのがある。これはかなわんと思いました。僕はあまり好きじゃない。武市さんは武市さんでやっていらっしゃる。それを追いかけることはできない。僕は他人の真似をするのはいやですからね。ではいったいなにをやったらいいか。残されているのは月刊で物語絵本というのは未だかつてだれもやったことがないじゃないか。それを思いついたときは、しめた、これだ、と思った。

古田　そうですか。月刊保育絵本のように、名作再話や自然観察などがこまぎれではいっているのではなく、一冊の本が一つの物語世界をつくりあげているという理想が、最初からあったものと思っていましたが。

松居　そんなことはないのです。まずだれもやっていないものを探したわけです。それだけです。たしか車の中で考えついた。僕はいろんなことを車の中で考えつく。

武市　よく事故を起こさなかった（笑）。
松居　僕は十年間事故を起こしたことない。
　そしてできるだけ日本の人に物語を書かせたい。外国のいわゆる名作もの、アンデルセンとかそういうものはなるべく使いたくない。それが二番目の段階で僕の夢というか、理想として出てきた。アンデルセンもグリムもいくつかやりましたけれども、最初はそれはむしろ除外して。
武市　例外ケースはなんでもあるけれども、大筋としてあなたは創作でいったね。
松居　その中で、有名な宮沢賢治をダイジェストしたいということを、その時分は平気でやりましたからね。今考えたらほんとに身が縮む思いだけれども（笑）。でも、その跡始末はちゃんと一つずつつけているつもりです。
　ですから、ものごとの始まりというのはきわめてばかみたいなことですよね。
古田　松居さんのほうで、「世界傑作絵本」が出るのが三十六年ですね。
松居　そう、だいぶあとです。
古田　あれがまた一つの大きな段階を作ったんじゃないかというふうにも思いますが。
松居　それはありますね。「こどものとも」はページ数もきめられていますし、形もきまっていますから、そこでやれることは限界がありますでしょう。そして向うのほうを見ればたいへん楽しい本がたくさんあるし、こんな本もいいな、子ども達が喜ぶだろうなということは、かねがね僕は思っていましたね。「こどものとも」の編集の参考に、外国の本をどんどん取り寄せて見ていましたしね。
武市　たしかに松居さんの「世界傑作絵本」というのは印象に残る本ですね。

僕も図書を集め始めたのが三十年からで、せっせと集めていて、そうしたところ松居さんがあれをやられて、僕は松居さんがあれやるんなら俺は違うものをやりたいと思って、逆に日本から海外へ出そう。松居さんは海外のものを日本へ紹介してほしい。二つに別れようやと、あの端緒をつけてくれたのはやっぱり松居さんなんでね。

松居　あれは村岡花子さんとか、石井桃子さんが家庭文庫をやり始められて、そこで具体的に本がないという要求もあったんです。

世界傑作絵本シリーズ
『いたずらきかんしゃ ちゅうちゅう』
バージニア・リー・バートン 文・絵
むらおかはなこ 訳
福音館書店

武市　〝家庭文庫研究会〟なんてついていたことがあったじゃないの。

松居　少しでもその資金にもなれば両方にもいいし。そんなに必要とされるんだったら出さなければならないという、それが初めてですね。途中からどんどん僕は自分の考えでやり出しましたし、あれをやっている過程で僕は絵本の編集というものを掴んだと言えますね。見ているだけではだめなのです。バラバラにして繰り返し繰り返し見て、実際そこへ日本文をはめ込んで作ってみると、なるほどうまいこと作ってあるわと感心しますね。

武市　僕の場合も同じ経験があるのは、海外へ出す場合に各国語に訳さなければならないでしょう、その場合に共同編集をやってみるとじつにテキストの入れ方がうまいんだな。うまく口で言えないけれどもじつにうまい。しゃくにさわることがときどきありますね。

松居　日本語のせいかと思うけれども、そうじゃない。

武市　僕も一時期そう思ったけれども、そうじゃないよ。絵本づくりについて物差《ものさし》があるかないかなんだよ。われわれは物差なしに突っ込んじゃってるような、地図なしにとにかく頂上へ登るみたいな話で来ているからね。

松居　基本的なデッサンができているということでしょう。僕らにはそれがないです。おそらく向こうの人が見たら気になることがいっぱいあるんじゃないかと思う。原則論すらないかもしれないですよ。

武市　今はあるけれども。そういう時代がありましたね。

　松居さんは外国の絵本を日本へ紹介してくださることによってそういう研究ができたし、私のほうは外へ出すことによって障害とぶつかって勉強できたし、やっぱり二手に別れていったんだね。

　ただ、僕は最近思うのですけれども、ヨーロッパの絵本には一つの形がありますね。シフトみたいなものが。アメリカの絵本はアメリカの絵本で、ぜんぜん違う一つのシフトがあるでしょう。しかしわれわれ第三の道へ今や突っ込まなければいけないんじゃないかという気が強い。僕はもうここで別れるよ、第三の道へゆくという決心を去年したんだけれども。だいたいかれらのお手並は拝見したつもりだ。

松居　お手並を拝見してこれからというときに、なにか土台が風化してきたような感じがするので僕は気になってしょうがない。これではたしてできるかなという感じがしますね。

武市　ただ問題は、われわれが総力を結集して、何十冊も作ることはできなくても、その意欲と意思を持って試作機を飛ばすことでしょうね。とにかく一号機を飛ばすことが先決問題ですね。

松居　それぞれにね（笑）。

◉日本の絵本と外国の絵本

武市　さっきの太田先生のお話を伺っていて一つピンときたことなのですけれど、アメリカの絵本の歴史を話し合う座談会をアメリカでしたときに出た言葉で、ある長い時代にわたって What is good children's picture book? ということが非常に一つのテーマとして長く掲げられた。その結果一つのコミッティができて賞ができたり、いろいろなライブラリーで展示したり、そういう時代が続いた。それが今から六、七年前に good という言葉がなくなって、quality という言葉に変わったのですね。いい悪いではなくて、〝質〟のあるものはいったいなんだろうか、quality children's picture book、それを私はとても興味深く聞いたのですが、松居さんもそうだろうと思うけれども、私も今一つの悩んでいる点は、good なものがふえてきたんですよ、だけど quality じゃないんですよ。good と quality は一つの差がある。

松居　quality のほうがはるかに多様ですね。

武市　われわれは、これから good から quality へどうやって前進しなければならないかというテーマを抱えているんじゃないか。

松居　あまり良し悪しというきめ方はいかん。

武市　「岩波の子どもの本」に戻りますけれども、最初に見ましたときに、外国の翻訳の本と日本の方が描いた本、土方重巳さん、野口弥太郎さん、高野三三男さん、深沢紅子さん、清水昆さん、初山滋さん、武井武雄さん、ああいうのを外国の本と同じ形で出されたときに、僕は、あ、違う、と思ったですよ。外国の絵本のほうがはるかに楽しい。良し悪しじゃない、楽しい。そしてそこには一つの本の世界が存在する。日本の方の作品には絵と文がギクシャクギクシャクしているんです。本として楽しくないんですね。

佐藤　そうですね。

松居　一生懸命描いてあっても。

武市　それは日本人がテンション民族だと言われるように、これは、と思うと緊張感が高まっちゃうわけよ。われわれも長い時代経験してきた。オリンピックじゃないけれども、敗けて帰れない、という。それでいくと絵本としては致命傷なんだ。絵本というものは楽しさと素朴さがないと生命取りになるのよ。金田がよく言うように、肩に力が入り過ぎるということが致命傷になる。球に伸びがなくなるから。

松居　なんだろう、ということはすぐにはわかりませんでしたけれども、感覚的に一番にそれがきましたね。フィッシャーのものを見ても、カリジェのものを見ても、エッツのものを見ても違うんですよ。なにがいったいこの差かということをとても考えさせられた。

武市　伸び伸びしている。本にとっては柔軟であるということは絶対の要素なんだ。これが昔の言葉でいう〝漢心《からごころ》〟というのかな、あれになっちゃって、顔面が硬直しちゃったら、およそ絵本としては、絵画としても文としても素晴らしいものであっても、全体としてはなにか硬ばったものになっちゃって、絵本の生命を失うんじゃないかな。

松居　定石にはまったら、もういけませんね。

太田　描くほうはそういうものを一番感じますね。いいところのデラックスな仕事で、ひとつ頑張ってくださいなんて言われるでしょう、そうすると気負い込んじゃって、リラックスしようと思ってもなかなか抜けない。あまりリラックスし過ぎちゃうとまただめだし、そのへんがむずかしいですね。

松居　編集者が悪いのかな（笑）。

武市　私はいつか堀文子さんと話したのですけれども、あの人が言い出した言葉で〝稚拙美〟という言葉を、われわれ十年くらい前に生み出したのです。稚拙美というと憤慨なさる方が多いけれども、稚拙美というものは尊いのではないだろうか。つまり、持っている心情よりもやテクニックの劣る。もちろん持っている心情に十分なテクニックがバランスがとれれば最高の傑作だけれども、心情よりテクニックが優先するよりは、テクニックがやや劣るほうがいい。

松居　今はテクニック優先が多い。

武市　だからなやみが深い。

佐藤　うま過ぎるというか、器用というか。

松居　岩波の本見たときには、あれしかないものですから、あの中では外国の絵本と日本の絵本の比較みたいになってしまいましたけれどもね。そのときに、日本の絵本は一生懸命描いていらっしゃるんだけれども、描いている絵描きさんの中にまだそういう世界がない。仮りの着物を着ているような感じがするんです。

武市　僕は海外へ出ていつも思うことは、日本の絵本がたくさんあって、それに対して忌憚のない海外の編集者からの意見を聞いたときに、一緒にいてハッとわかるのですが、ベグー［vague］ということを非常に言われますね。つまり曖昧だ。もうーっとしている。なにか言おうとしているのはわかるんだけれども。一例を言うと、エンディングは必ず夕暮れになってカラスが飛ぶから自然にそのムードになっちゃう。しかしなにをいったい思っていてどんな絵本の世界があるのか、もう一つ物差がはっきりしていないわけだ。なにか着物の上から掻いているような感じがあるわけ。

松居　その一つは日本の文化の特性じゃないかな。

武市　と思った時代もあった。が、僕はそれだけじゃないと最近思い出した。絵本というものの摑み方に問題があると思う。それは全部だとは思わない。もちろん日本文化の特性もある、表現のしかたの。

松居　特性で片付けると危険ですから、それはあまり言えないけれども。

武市　結局われわれは目に見える絵本を出して、それで勝負をしているかのように見えるけれども、そうじゃなくて、それ以前に目に見えない絵本の世界が現存していて、その一部として目に見える絵本がサンボライズされて出ているので、読者がその絵本を見ることによって目に見えない絵本の世界を感じることができたとしたら、やっぱり絵本は最高なんじゃないか。

松居　目に見えない絵本というのは作者の中にある世界……。

武市　その絵本を作るときに。それは、しいて言えばイマージュと言ってもいいかもしれない。しかしイメージと言うとまたちょっと違うし、テーマと言うと題目みたいになっちゃうから。そうじゃなくて目に見えている絵本の裏側に、じつは目に見えない絵本があって、絵本のライターも絵描きさんも編集者も、言わず語らずその世界を踏まえていて、それを象徴してどうや

って表現ができているか。そこにかかっている
んじゃないか。

松居　武市さんの話はやっぱりフランス的でシンボリックですね。

武市　すみません（笑）。

◉おとなと子ども

古田　今のお母さん達は子どものときに、現在出ているような絵本にほとんど出あわなかった。だから絵本を読むといいますか、そういうものがありますね。

松居　それが多いですね。今のお母さんは自分が絵本を楽しんだ経験がない。だからすごくせっかちでしょう。子どもに絵本を、〝与えなければいけない〟と言う。

武市　そしてその効果はなんであるか。絵本くらいのんびりしていなければいけないものはないので、もしお役に立てるとすれば目に見えない部分でなければならない。それも全く保証できないんで、無用の用みたいなもので。

松居　絵本なんていうのは、子どもの生活の中のほんの十分か十五分でしょう。

武市　ただ、わずか一分でもほんとに深みに入ればその人の永遠に忘れないものになる。

松居　そうでなければ虚しい。

武市　だからやっぱり考えさせる絵本よりも感じさせる絵本を僕はやりたい。両方あってもいいけれども。アリストテレスの形而上学じゃないけれども、〝感覚に存せざるものは認識することと能わず〟というので、順序としてはまず感じる力を豊かにしたい。感じさせ方にはまたいろんなメソードがある。感じるということはワンショットだけに限らないので、松居さんが研究しているやり方も、佐藤さんのやり方もいろ

いろありますけれども、絵本の使命は考えさせることより、まず感じさせるということに結集しなければならない。

松居　それはそうですね、子どもは理屈では入っていかないから。ただ、あるところは感じて、そしてそれをもう少し考える、そしてまた感じる、その繰り返し、それはありますね。

武市　僕はちょっと持って来たんだけれども、イギリスの絵本の作家でメイヤーという、キーピングの奥さん、彼女達とロンドンでディスカッションしたときのをまとめて送ってきたので、簡単に訳したのですが、さわりだけ読みます。こういうことをイギリスの絵本作家と話し合ったときの一つのお互いの曲がり角の確認条件にしたのですが、〝絵本について〟ということです。

〝子どもの絵本で最良のものは描かれた詩のようなものであって、それは画集であってはならないし、まとまりのない童話であってもいけない。絵本に与えられているスペースは狭いのであるから注意深く構成されねばならない。文章の選択は長編のもの以上にたいへんな仕事である。明確なイメージが作家（画家と作者）の思考とデザインの中に組み合わされていなければならず、その絵本をとおして一つの興味の把握が展開されていなければならない。言葉は絵とともに見え聞こえなければならない。絵と同じ言葉を言葉が語るべきではないと思うが、小さな子どもは、絵の中に見るものから言葉を言い当てるのが好きなようである。

しかし美術的には絵と文の二重の陳述は不必要である。絵と文は大人と子どもの双方になにかを訴えなければならないという不測の問題に直面している。大人に紹介されず、初めから自分で絵本を楽しむ子どもはほとんどいないであろう。そして大人は、自分達自身が楽しまない絵本を、より感覚的に正しく子どもに伝えることなどできそうもないのである。大人も子どもも双方が一冊の絵本をとおして楽しんだ場合は、子どもは何度もその絵本を引っ張り出して見て楽しむであろう。

人はときに、生涯を通して幼ないころに接した絵本のことを覚えている。それゆえ、思考のための、人生のための栄養となる絵本は、人生のある基準を作りあげるのに役立つのかもしれない〟。こういうことです。今ちょっと発言されていた大人と子どもの問題。

松居　僕は、絵本を大人が楽しむようになる傾向はどんどん強くなると思いますね。べつにストイックに、絵本は子どものものだということを、僕は声を大にして言う気もないし、本というものは、出した以上、だれがどう読もうとこっちの知ったことじゃないです。

武市　僕もそう思う。それはおそらく太田先生も同じで、作家というものはできた作品については、自分の手を離れた子どもですものね。自分の思わざるように生きるかもしれない。

松居　大人ばっかり喜ぶかもしれない。それはある意味で失敗であるかもしれない。しかし本というものは出てしまうと一人歩きしますからね。それを認めるだけのトレランス（寛容）がないといけないんじゃないか。

武市　絵本はかくあるべきだとぶち上げること自身が、絵本の世界ではおかしい。

松居　僕もぶち上げましたけれどもね、途中。そういうものをぶち上げて、それに他の人がとらわれてやられると、逆にそうじゃないんだと言いたくなってくるんですよ。僕は僕なりにやってきたからぶち上げたわけで。だからこのごろときどき逆のことを言ったりもするし。日本中ぶち回りました。

武市　すげえな。

松居　必死ですよ、こっちは。北海道から沖縄まで足跡がある。弘法大師みたい（笑）。今はそんなことはやめましたけれどもね、そのときはどうしてもそれをやらなければならないという気持があった。気違いみたいなものですよ。

武市　たいしたものだよ。それは執念だよ。

◉絵本でなければならないものという問題意識を

古田　過去にまた帰ることになりますけれども、始められたころは問題はもっと単純だったんじゃないか、それはどういうふうに単純であったのでしょう。

武市　つまり、お料理でいうと素材が限られていたわけです。印刷はだめ、用紙もだめ、それから絵本作家も忙しくないわけだ、編集者も時間がある、みながある意味でテンポがゆっくりしていた。だからある意味ではやり方が単純だった。たとえば今ある作家に電話をかけると、秘書が出てくるものね。〝先生のスケジュールは〟とくるものね。そんなことは昔は考えもつかなかったもの。だから非常に物質的環境は悪かったけれども、ある意味での精神的環境は非常に単純だったね。それから百何十回ぶって歩いたって本がふえる公算もないしね。とにかくものを作ることに夢中になる以外にない。

松居　一冊一冊、精神的にも時間的にも余裕というか、ギリギリのところで作ってはいるんだけれども、今のようにいら立たしい作り方ではなかった。今はいらいらして作っている。

武市　それからいろいろな意見が百出するしね。

それは当を得ているんだが、そんなことを聞いていたらものができないんだよ。

古田　佐藤さんのほうは。

佐藤　今問題になっているようなことが私も非常に問題だと思うから、私は全部プリミティヴなところに帰っていくわけですね。たとえば毎月出さなければいけないということが片方であるとすれば、僕は一年に二冊でも三冊でもいい。そういう作り方をしようというふうなところに帰ってくるわけです。

それからほんとうになにか情熱を持って、三日も四日も打ち込めるようなテーマなり製作方法がないものだろうかと考えていくと、さっきタブローという問題がありましたけれども、タブローを描く人は時間をかけて描いているわけですね。ところが僕は絵本の絵はやはりタブローであってはいけないだろうと思う、そうするとタブローと同じように打ち込めるのはというと、一つは版画みたいなものがそうではないだろうかと考えていったわけです。そうすると外国の絵本で、たとえば『一〇〇まんびきのねこ』にしても、いろいろなそれにはじまる絵本がリトグラフで作られているということがあるわけです。そこで私は今までの全部の作品の原画をリトグラフで製作してもらいました。そして絵本をできれば一冊一冊手づくりするくらいのことをやっていけば、今出ているような問題は排除できるのではないか。そういうふうに考えていったわけですけれどもね。

世界傑作絵本シリーズ
『100まんびきのねこ』
ワンダ・ガアグ 文・絵、いしいももこ 訳
福音館書店

武市　ただ僕は、版画の様式を取るとか取らないとかいうことはその問題の解決にならないと思うのです。純粋時間みたいなものにどうやって入るか、ということが一番だいじなことであって、メソードの問題ではないと思う。本質の問題だと思う。

松居　テクニックから入るという方法は一つあると思う。きわめて素朴な形にテクニックを一度戻して、そこから出発していくのも一つの入り方だと思います。しかし最後はテクニックの問題ではないだろうということは、佐藤さんもおわかりになっていらっしゃることだと思いますけれどもね。やっぱり編集者も作者も含めて、もっと内面的な問題が問われなければいけない。

武市　僕もそれを言いたい。

松居　それが問われていないもの。

古田　さっき〝風化〟と言われていることですが。

松居　絵本が風俗化した。

武市　俗化した。

古田　そこのところをもう少し具体的に。読物を書いているほうとしても、そういう感じがあるわけです。こちらの内面に自分の書いているものが入っていかないところで書いているということを痛切に思っているのです。やはり児童文学全体の中でもそういうことがありますし、ことに絵本の場合にも、お母さん方喜んでいるけれども、果してこれでいいのかという気持が僕の中にあったりするのです。そこのところ具体的に言うとどういうことになるでしょうか。

武市　これは僕の今やっている製作方法の中だから、非常に限られた問題で、一般的なことではないけれども、具体的に言うと、絵本でなければできないことはどういうことか。児童文学でもないし、映画でもないし、テレビでもない。極端に言えば一時間半のテレビ映画を、二十四ページなり三十二ページなりの絵本にしてもちっとも不自由はない、十分見応えがある、絵本だからこそこれだけのことができるんだ、いったいそういうものはなんだろうかという問題意識。

さっき松居さんが言ったように、編集者にも作家にも絵描きにも、その問題意識すらないということで非常に苦しんでいるわけだ。非常にこれは大きな問題であるということは僕もわかっている、松居さんもわかっていると思う。だけどそれは、言葉にして具体的になんだというと、まだ……。

松居　これが絵本かという問いかけは、自分が関係した本を見るたびに出てくるわけです。ほんとにこれでいいんだろうか。

武市　体操で言う減点法でいきますと、いちおう絵本になっているんだ。九十点とか、八十五点とか。

松居　そんな点数はないですよ。

武市　俺はそう思う。まあ点数は八十点でもいいや。

ところが加点法というのがありますね。ミスがあるかないかに関係なく、ほんとうに質のある演技がその中にあるのかどうか。つまりウルトラCですね。それがあれば九・五とか、九・七とか点が上がるわけだ。ミスを補って余りあるものがある。他の人にはできないものがある。絵本だからこそできる。そういう加点法で見たときに非常に問題がある。きわめて点数が悪い。

松居　オリジナリティが希薄ですね、まず。

武市　そういうことです。

◉オリジナリティとアイデア

松居　文章にしても絵にしても、オリジナリティがもう一度問われなければならない。同時に絵本としてのオリジナリティがもっと問われなければならない。ところが絵本としてのオリジナリティに対してはみな寛容過ぎますね。文章があって絵があれば絵本だ、〝絵本〟と描けば絵本になる。

武市　それは広い意味で絵本と呼んでもいいでしょう。しかし、絵本でなければ、というものはぜんぜん違う。

佐藤　多様性ということがいちばん先に出ましたけれども、みな、私のこれが絵本だ、と言うでしょう。てんでんばらばらな絵本観でやっている。絵本とはなにかという共通のことがまだ日本にはないわけです。

武市　われわれ共通にこれだということは定着できない、一生かかっても。しかしこういうところに問題があるんだという問題意識を持つことから前進ができるので、問題意識すらないということは花ざかりじゃない、という定義なんだ。

太田　絵本の一番基礎になる、いわゆる絵本作家と言われる絵描きが、今ようやく育っておるという時期に来ていると思うのです。戦後いろいろな経験を経て、外国の本も自由に見られるようになって、創作絵本と言われるものもボチボチ出だして、いろいろな体験を今絵描きが積んでいるわけです。今舞台の裏に立って幕のあくのを待っているような気がしているわけですよ。だからこれから新しい作家が何人か生まれてくる時期じゃないかと思いますね。大いに期待していいと僕は思いますね。問題意識の摑み方ということも、当然切迫して考えるだろうし。

武市　ただ、松居さんも私もきっと同じ気持だろうと思うのですけれども、天気予報で言うと実際には今先生のおっしゃったように新しい作家を受け入れるような舞台ができかかってきたし、そういう面から見れば非常に希望的な状態にあるように見受けるのですが、じつはここでもう一回ふんどしを締め直さないと将来に禍根を残すところだぞと、われわれ現場の第一線にいる者は必ずしも楽観できない状態にある。もう一回、絵本でなければできないことはなんだろうかと、おのおの絵本づくりのいき方の中で編集者に言いたいね、自分も含めて。

松居　今まで言ってきたことは全部自分を含めてのことです。僕は「講談社の絵本」が最初に出たときは、強烈なオリジナリティを持っていたと思うのです。あれをやった人は、それみたことかと、すごい自信を持っていたと思うのです。ところがそれが一つの形になってしまうと、そこに問題がある。つまり風俗化してしまう。

武市　差し支えがあるかもしれないけれども、のれん街へ出るようになるとだいたいうまいものはみんなだめになっちゃうものね。あれだよ。要するに生命が希薄化しちゃうんだよ。太田先生がおっしゃるように、これから若い人達が次々せっかく出てくるんだから、それを受け入れるのにわれわれは厳しい一つの目を持って進んでいかなければならないんじゃないか。しかしそれは他の世界と違うのだから、ただ厳しいだけでは困るので、やはり絵本は素朴で楽しくなければ困る。愉快でなければ困る。みんな真青になってストイックになっているんじゃ困る。そこがむずかしいところでね。

松居　第一わずか十五年くらいしか経たない武

市さんのところでも、福音館でも、あたかも絵本の老舗みたいになってるでしょう。しかも福音館なんか外から見れば一つの体制ですよ、でき上がっちゃって。ムチャクチャですよ、こんなことは。

武市　今の日本の現状はいちおう地域的には展開はしているね。ただ問題は、必ずしも敵との対峙の状態においては楽観を許さないものがある。いよいよ剣ケ峰へ入って来たぞというところ。

松居　ちょっとオリジナルなものが出るとワッとそういう形になってしまう。別なものが出るとまたそういう形になる。僕は絵本としてのオリジナリティ、発想が似ていたらいかんと思うのです。そういうところのプロフェッショナルの意識が日本の編集者にはない。

武市　もう一つ逆説的に言えば、日本の絵本づくりがもう一つ眠いのはなにかと言うと、アイデアということから始まっちゃうんだな。ほんとはアイデア以前なんだよ。

松居　その〝アイデア〟は、日本の言葉のアイデア、思いつき。

武市　〝イデー〟じゃないよ。僕はそれを区別する意味で、しいてイデーに対立する〝イコン〟ということを言う。〝イコン〟というのは〝イメージ〟ということですが、やっぱりイコンがなければいけないんじゃないか。思いつきというものは、あってもいいですよ。だけどそれよりもっと深いものがあって、大地があって。僕に言わせれば〝イコン〟十年と言うんだけれども(笑)。イコンみたいなものがあって進んでいけばオリジナリティがある。つまり目に見えない部分でなんとも言えない地鳴りみたいなものがあって。それがなくてアイデアから飛び込んじゃうんだ。松居さんの言う思いつきの段階で、発想の段階で真似するなんていうのはプロ根性として恥ずかしいね。またそういうものでお金を取っちゃいけない。ただで配るぶんにはまだご愛敬でいいけれども。

佐藤　辛いですね。

松居　外国の絵本は武市さんよくご存じだろうけれども、世界的に絵本の量の点数は多いんでしょう。

武市　ここ二、三年ちょっと減りましたね。これは日本にも来るでしょう。経済的不況ということから、焦点が絞られて。

松居　そのときの勝負ですね。

武市　さっき具体的にという質問があったのですけれども、われわれが絵本づくりにどのくらいうぶかという一つの例証をあげます。これはうちを含めてですよ。うちはその点は徹底的にうぶだけれども。絵本というものは表紙があって、見返しがあって、タイトルページがあって、それから本文ページへ入るんですよ。これだけの、演劇で言えば起承転結があるのに、そこまで神経を使ってる絵本は一冊もない、うちを含めて。

松居　使ってるけれども、だめだな。

武市　玄関がなくていきなり部屋へ飛び込むみたいな家を作っているんだよ。部屋の中はなかなかよくできているんだけれども、玄関はないし、門はないし、門から玄関へ行くまでの道がなにもない。ただ見返しに綺麗な色を持ってくるとか、そんな程度のことであって、ほんとうにその呼吸というかな、演劇が始まるときに開演五分前にベルが鳴って、ちょっとザワザワして、それが静まってカーテンが開いてしーんとして、それから始まるという、この呼吸はぜんぜんない。
松居　僕は他人には言うんだけれども、なかなかできない。
武市　これは僕を含めてだよ。

◉いくつかの発見

古田　車の中のアイデア、それが日本語のアイデアか、イコンかわかりませんけれども、いずれにしろ、例の百円絵本みたいな、いろいろな自動車の絵が見返しごとに載っているものをとじて、表紙があって、それが絵本だ、そうしたものではないはずだということは皆さんのお考えの中に最初からあったと言いますか、少なくとも絵本とはなにかというところから始まりましたね。それは途中でなにかを発見なさっていったわけでしょう。
松居　それはもちろんそうですよ。だからこそ今非常にむずかしいところへ入ってきたという意識を持っている。発見していなければ花ざかりだと思って漫歩していますよ。
古田　その発見したあたりを具体的に。この本だという形で現われるか、あるいはなにか言葉でどんなものがあるとおっしゃられるか、どちらか、できればほしいと思うのですけれども。
松居　そんなに、あるときパッと悟ったんじゃなくて……。もちろん試行錯誤がありますから、あ、こうじゃないかと思ったら翌月はそうじゃなかったり。
　そうですね、僕は一つこういう経験はありますね。「こどものとも」をやってきて、黒字にならない苦しい時代が続いていて、いよいよこれでは五十円では出せない。この部数で、いろいろ費用も上がりますし、要するに値上げしなければならないということになったのです。そのときと前後して、僕は「こどものとも」を縦判から横判にしました。横長の本というのはあまりなかった。武市さん昔作っていらしたですね。僕は横長をどうしてもしなければならないという気持になったのです。横でないと表現できないテーマがいくつもあるわけです。横になったらやってやろうと暖めてあったわけです。そういうものがどんどん積み重なっていた。そこで横にして同時に二十八ページで百円にしたわけです。現在でもそのままです。今だいたい「こどものとも」で皆さんほめてくださるのは、そのとき以後の二年間に集中しているわけです。『かばくん』にしても、『かわ』にしても、『おおきなかぶ』『だいくとおにろく』にしても、横になったらやってやろうといろいろ考えていたものをワッと出したのです。

武市　いいね、横になったら出たというのは。少し寝たほうがいいんじゃないか。

『かばくん』
岸田衿子 作
中谷千代子 絵
福音館書店

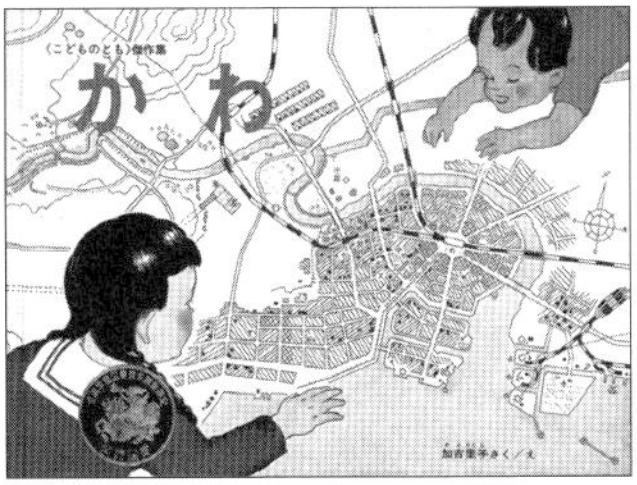

『かわ』
加古里子 作／絵
福音館書店

『だいくとおにろく』
松居直 再話
赤羽末吉 画
福音館書店

松居　僕もそう思う。
佐藤　絵本でなければできないというのが非常に具体的にそこで出たわけですね。
松居　暖めていたからできたわけです。では横にしてからずっとうまくいったかというとそうじゃない。二年くらいで暖めていたものがなくなって。
武市　やっぱり個人の燃焼力は限りがある。
松居　その値上げしたときに部数が減らなくてむしろふえたわけです。そこで福音館の「こどものとも」は完全に軌道に乗ったわけです。そこで僕は読者のありがたみということがわかったし、そして企画というものはある時間寝かせて、自分の中で発酵させなければだめだということがわかった。そして本の形も非常に大切なものだ、同じフォーマットでなかなかやれないものだなということを発見した。今は縦と横にしていますけれども、できれば僕は毎月本の形を変えたい。
武市　僕もそういう、ワッとやられた瞬間がありましたね。センダックを掘り出したアメリカのハーパー・エンド・ローという出版社の編集長で、ゾルトーというおばあちゃんがいる。このおばあちゃんに七年前にこてんぱんにやられて、そのとき一番目が醒めたね。三十八年ごろだったと思いますけれどもね。
古田　どういうふうにこてんぱんに……。
武市　日本の絵本、ずっと編集長室に並べてありまして、〝あなたが耳障りなことを聞きたくなかったら、あなたを含めて日本の絵本についで私は非常にけっこうだと言うし、悪くないですねと言いたい。しかし耳障りなことをどうしても聞きたいというならフランクリーに言いましょう〟。言ってくれと言ったら、バンとやられた。

つまり〝絵本でなければならないことはなんであるかという問題意識を持ってやっているのか、いないのか。漫然と作っているんじゃないか、悪意ではないにしても。はっきり言って非常にスリーピーだ。質として決して悪いとは思わない。だからお客として言えば、けっこうですね、と言うだけだけれども、われわれ絵本に一生を賭けている立場から言うと、あなた方非常に素人のよさがある、玄人から見るとハラハラするような。こんなことで通るものだろうか、通るならけっこうな国だ〟。

それからとくに言われたのは〝児童文学と絵本とははっきり違う。この意識がぜんぜんない。もちろんどちらが上とか下とかいう価値観の問題とは違うのだ。児童文学者がライターとして書くのはちっとも差し支えない。しかし書くときには絵本のライターであるという意識をはっきり持って書いているのかどうか。そのへんが非常にテキストがひどい。アダプテーションとかプロットとしてなら読める。しかしぜんぜんこれでは、絵本ならではのテキストではない。

絵本として理想的なテキストは、たとえば一冊の絵を十五枚なら十五枚並べる。知らない人が見たとき、これだけではどんなものになるのかわからない。テキストのほうはテキストだけタイプ打ちにして読むと、こんなテキストいったいなにになるんだろう、しかしその絵と文が組み合わさったときにはこれ以外にはないという世界が浮かび上がるものが、価値がある。文だけの評価、絵だけの評価ではない。そこまでいったい焦点を絞っているのか。非常に楽しくやっていられてけっこうだけれども、われわれから見るとハラハラする。はっきり言ってあなた方は小学校か幼稚園だね〟。

それではあなたのところはどうだと斬り返したときに、彼女が出したのがベン・シェスターの一連の絵本です。ゾルトーがライターで描いているのがずいぶんあります。どれを見ても彼女の物差があるわけです。好みはべつですよ。けれども彼女が手がければ、ある場合は製版が悪かったり、紙が悪かったり、絵描きさんが悪かったりすることがあっても、彼女が作ったものだなということははっきりわかる。それだけ自分としての絵本に対しての姿勢というものがある。これはたいへんなエディターですね。僕はあの人を日本へぜひ招びたい。うぶだと言われたのが僕は一番応えた。

佐藤　僕も非常におさない経験なのですけれども、絵本を作っていく中で、外国の絵本から非常に学んでいるわけですね。外国の絵本を読む場合、言葉がわからないから辞書をひきながら、一生懸命絵を見ながら、文章と絵を結び付けながら物語を理解しようとするわけです。そして次のページをめくったときに、あ、これはこんな話だなと急にその世界にひき入れられていくという経験をしばしばするのです。そのときに、案外子どもが絵本を読むというのはこれと同じことをしているのじゃないかと思いました。子どもの場合も文字が十分読めないし言葉もよくわからないし、そのときに僕は、絵を読むということがどれくらい絵本でだいじかということに気がついたのです。そういう観点から絵本を見直すといろいろな発見がありますね。読める絵ということがどんなにだいじか、同時に絵本はページをめくっていくものだ。一場面だけで完結しないで何場面かに物語が繋がっていくものだ、などというごく当り前なことをこうして発見したのです。

武市　しかも戻すことができる、演劇と違って。そこが非常に絵本のミソなんだ。

佐藤　そういうことを発見したときに、絵本の絵というものは絵描きさんが、それは絵になるといって挿絵として描く絵では絶対ない。それから一つの文章の説明として描く絵ではなくて、物語を絵で繰り広げていくんだということ、それに気が付いたときは、嬉しかったですね。

武市　わかるよ、それは。

それからもう一つ、うちを含めて日本の絵本の弱点はなにかと言うと、ダブルパンチができないこと。つまり向こうの絵本の強さは発想の第一が強いもので、発想が発想を生むのね。ダブルパンチ。日本のは第一の非常にいい発想を摑んでいるんだけれども、それをさらさらと、最後に夕焼けでトンボが飛んで終わっちゃうんだ。わかるんだけれども、なにかダブルパンチができない。ホームランを打つとそれで終わりなんだ。

松居　コンストラクションが弱いんですね。

武市　コンストラクション以前のほんとのところが弱いんだ。

古田　コンストラクションも発想の中に含まれていますね。

武市　それは言い方次第ですけれども、とにかく目に見えない部分が非常に弱い。基礎工事が。

古田　それは松居さん、絵本としてのコンストラクションですね。

松居　そうです。とくに最近の絵本で発想の部分も含めてそれが弱いということは、一番最初に僕が言いました。われわれが今ほんとに生活しているかどうか。作家もみな。

武市　ほんとに内面性にかかってくる。目に見えない世界においてほんとに充実感があるかどうか。
松居　足を地面につけて生きているか、自分の意思で自分の世界をちゃんと持って。
武市　それから僕は編集者としてよく思うんだ、俺はだめだったらいつでも辞める決心をする、その覚悟をしなければいけないんだな、と思っているわけ。自分にも限りがあるし、そこまで自分というものを見つめていかないとだめだなという気がひどくするね。
松居　僕は辞めるということを一日に一回は考えますね。これでやってていいのかしらんと思う。

◉編集者と画家と文の書き手

古田　発想が発想を生むということですが、絵本としてのコンストラクションにかかってきましたけれども、その際の、画家と、文章を書く人、それと編集者の関係ということろは。
武市　それは表面処理じゃ片付かないんだ。そもそもの問題なんだ。それがちゃんと深みがないと、これから発想が発想を生むようになにかひとつアイデアはないかね、と言ったってだめなんだ、文の側からでも絵の側からでも。それは小手先であって、やってる当人から見ると発想が発想を生んでいるようだけれども、できたものを見るとどうということはないわけ。奇妙奇天烈なだけで。
松居　ちょっと戻るのですけれども、今のことにも関連して、僕はこれが絵本だと思った一つはマリー・ホール・エッツです。あの人のものを見たときに、彼女が言いたいことをちゃんと持っていて、しかも子どもにわかるように描けるし表現できる。それで決して妥協はしていない。おそらくあの人は小さな子どもにやるんだからとそんなに意識していないと思う。そこまで自分の中に子どもにきちんと伝わるものを彼女は持っていると思うのです。そういう内面の重みがなかなか出ないわけ。

武市　要するに借家はどこまでいっても借家なんだよ。九尺二間のわが家と言うけれども、わが家であることが第一なので。作家も編集者も絵描きさんも。そうであれば自然にふるまえるわけだ。自然にふるまったことがちゃんとはまるし、発想が発想を自然に生むし。

世界傑作絵本シリーズ
『わたしと あそんで』
マリー・ホール・エッツ 文／絵
よだ じゅんいち 訳
福音館書店

松居　これは作者が気が付かないこともありますよ。編集者が見ていて、あの人はこんなものを持っている、だったらそこを触発していって編集者がどんどん拡大していく、という場合もありますね。そのためには編集者自身がそういう世界を持っていなければできない。編集者というのは作者と絵描きさんをうまく組み合わせてやるというものじゃありませんね。

武市　要するに太鼓持じゃありませんからね。俺〝編集〟という言葉が嫌いなんだよ、集めて編するなんていう。だれが訳つけたか知らないけれども不愉快でしょうがない。

松居　だから武市さんは〝製作者〟と書いてある（笑）。

そういうエディティングというかな、極端に言えば文章というものは作者の持っていらっしゃるイメージのごく一部分である。絵を描かれる方も、その方の持っていらっしゃるイメージのごく一部分しか絵にならないわけですね。編集者は自分がその作品を読んだり絵を見たりしたときに、ほんとうは作者はこういうものを持っていたんだろう、だけどこれしか言えなかったんじゃないか、そういうことを読み取っていかなければいけない。

武市　それに賛成だけれども、一つ加えれば、しつこいようだけれども、そもそもスタートした目に見えない世界を、絵と文によってどれだけサンボライズできるか。そして絵で語るべきでないものは文に任せ、文で語るべきでないものは絵に任せる、あるところは絵も文も同じスコアでひく。作曲の理論みたいなもので。その感覚が編集者はついていてほしい。阿吽《あうん》の呼吸みたいなもの。これが能の境地みたいなもので、ほんとうの勘どころなんでしょうね、絵本の世界は一度飛び込んだらやめられないという。そのかけひきは単なる文だけの児童文学ではできないし、テレビでもできないし、違う一つのものだ。ただ問題は、『花伝書』にも言っているように、〝秘すれば花、秘せざれば花に非ず〟でね、非常にむずかしい。最後までだんまりじゃどうにもならないしね。

松居　僕も世阿弥に共感しますね。

武市　『花伝書』を編集者は読んでほしいね。あれしかないと僕は言うんだ。その中でやっぱり自分を豊かにして、ほんとうに柔軟な状態にいつでもいる。硬ばったら絶対にできないんだよ。

古田　いかがですか、若い画家というか、作家が生まれようとしていて、絵本のオリジナリティを追究なさっているということは。
太田　若い人が生まれているというんじゃなくて、僕みたいなお爺さんが（笑）、やっぱりオリジナリティのものの道がありそうだということに今気が付いたくらいのところじゃないかと思うのです。若い絵描きはどんどん生まれますけれども、絵本ということを長い間苦労していろいろな経験を積んで、やっと道が開けてくるような気がしているというのは、僕くらいの年にならないとだめじゃないかという気もするのです。それは若い人達は敏感だから非常に優秀にキャッチして作る人もいるでしょうけれども、僕らは戦後の長い混沌とした時代を経て来ていますからね。
武市　僕はこのごろ、深いところで感ずる心がなくてなんで絵本を作らなければならないかなとよく思う。冷静に考えたら、絵本を作らなければならないという法律もなければ、義務もなければ、命令もないんだよ。
松居　でも作っているうちにそういうものが感じられるようになるかもしれない。
武市　そう思ってね。
松居　なにかやらなければならないでしょう。
佐藤　私は、なんで作らなければいけないだろうというよりも、作りたい、ということですね。
武市　それはもちろん〝山があるから登る〟んだけれども、つくづく自分で思うことがあるんだよ。よく自分を見てみると、使命感があるみたいなインチキなものに自己満足しているときがあるからさ。
松居　義務感じゃなくて楽しく自由な精神で。それがしかしなかなかできないということはありますね。
　先ほども太田先生がおっしゃったことですが、

若いイラストレーターの問題ですけれども、僕がたいへん気になることは、最近の若いイラストレーター、という言い方はいけないけれども、あえて言わせていただくとすれば、一つのスタイルを持っていらっしゃるとそれで商品になるんですね、ところがそれ以上どうにもならない。一人一パターンみたいになっている。

武市　それが深みにこないということなんだ。

松居　ちょっとでもオリジナルなものを持っているとワッと出版社が飛び付くわけですよ、ハゲタカのごとくに。そしてそのパターンをみんなで食い荒らすわけ、あとはなんにもない、すっからかん。

武市　たとえば、長年松居さんと二人で歩いて来たけれども、お宅の起用している作家をうちがこうするとか、お宅がうちで発表している作家をこうするということはないだろう。

松居　そんなのいやですよ。

武市　それはその作家を認めないいんじゃないんだよ、十分認めているんだよ。しかしあれは松居さんのところで一つの畑でやっているものだ。うちへ来てやれというものではない。あれはあれでいい。そういう不文律というかな、こんなことを言葉にすることがおかしいんだけれども、幸い今まで松居さんと僕は言葉にしないでこれを励行することができた。そういうものは言わず語らずのうちに確立されていくべきものじゃないか。真剣にやっていればお互いにわかるもの。

古田　お伺いしたいことはいっぱい残っているのですけれども、最後に締めくくりとして太田さんいかがですか。

太田　僕は話を聞いてむしろ勉強させてもらったようなものですけれども、とても今後の絵本の世界は楽しみだし興味がいっぱいあるわけです。まあ締めくくりにもならないだろうけれども、さっきエディターという話がありましたけれども、ほんとうにエディターというのは創作者でなければいけないと思うのです。ところが編集者といわれている人達は、じつはエディター・アシスタントと言うんですか……（笑）。

武市　アシスタント・エディターですよ、まさに。

太田　ここに三人立派なエディターがいらっしゃいますけれども、実際は多くはアシスタントなんですよ。そのへんのけじめをむしろ編集者自身の側からはっきりつけてもらうと、もっとあちこちの分野でほんとうのエディターが生まれてくるような気がするのです。

武市　じつはわれわれにも責任があるのですけれどもね。もう松居さんとか僕とか、佐藤さんも危ないな（笑）、やっぱり筆を折るときが来るので、われわれはわれわれの社の中から次の時代を背負っていく人を出さなければだめだ、これが当面の課題だと見ているんだ。

松居　それができなかったらなんのために今まで絵本をやってきたか。

武市　われわれはいちおうベースキャンプを作ったんだから、それから先へ上がるのは次の時代のエディターだ。

松居　別の仕事をするでしょうけれどもね。また、別の仕事をしてほしいですね。

古田　どうもありがとうございました。

（初出＝月刊『絵本』、すばる書房盛光社、一九七一年）

《対　談 ― 1991年》

『木を植えた人』をめぐって

株式会社 資生堂 代表取締役社長
福原義春
株式会社 こぐま社 代表取締役社長
佐藤英和
※肩書は収録当時

◉贈り物としての言葉

佐藤　このたびは、創立一二十周年のおおきな節目の年に、私どもの『木を植えた人』を、全社員の方への贈り物に選んでいただいたことを、たいへん光栄に思っております。

福原　いえいえ。僕は自分で物を作っていくというのが好きで、そういう意味で職人的な人間だと思っていますから、それでこういう本を作り出す人がいらっしゃることを知ると、もうこれは、これこそ本当は僕がやるべきことだという感じがして（笑）。

佐藤　福原さんは、この本にご自分の気持ちを託されて贈り物にしてくださったわけですが、実は先だって大岡信さんの『ことばの力』（花神社）という本の中で、フランス語の〝贈り物〟という言葉の中には、もとは人を喜ばせ面白がらせる言葉という意味があって、人を喜ばせるために言葉を贈り物にするという思想があった、というのを読みまして、なるほどと思いました。日本でもまさに相聞歌などがそうだったように、平安時代あたりでは、言葉が重要な贈り物だった。そんなことを思いめぐらしていたおりだけに、福原さんが、ご自分の思いや願いを、この本、――つまり本というのは言葉で成り立っているわけですが――に託して贈ろうとなさったことに、ひとしお心を動かされました。

福原　佐藤さんのお書きになったものを拝見すると、言葉というものが生命を持っている、と繰り返しいっておられますが、まったくそうだと思います。十数年前の新聞の囲み記事に、現代のお母さんが、その頃のお母さんなわけですが、子守歌を歌わなくなったというのがでていた。なぜかというと、「だって、赤ん坊に子守歌を歌ってもわからないもの」と。僕はあのとき非常にショックを受けて、そういう人が多くなってしまったことに驚いて、それ以来、反対の方向に、つまり言葉に心が通うような方向に、人間を引き戻したい気持ちになってきたんだと思います。

いろいろ考えていくと、確かに言葉は人を動かしていくけれど、実はその言葉を生み出していく心があるわけでして、心が豊かだから豊かな言葉が出るので、そこのところが全然忘れられていきます。たとえば〝上手なスピーチの仕方〟とか、そういう技術的なことになってしまう……。

佐藤　私も、子どもがまだ字が読めなくてひたすら聞くという時期に、言葉の力がもっとも育っていくと考えています。ですから、おっしゃるように「分からないから何々しない」とは言わない。子どもはちゃんと聞いているわけです。

楽しんでいるわけです。

福原　私の父が銀座の下町育ちで、下町の習慣をいろいろ知っていましたが、そのなかで東京の下町の諺としてよくいっていたのは、「言い間違いは聞き手の粗相、聞き間違いは言い手の粗相」というのがあります。誰かが変なことをいってしまったのは聞き手の態度が悪かったから。もうひとつは、相手が聞き間違ったのはあなたの言い方が悪かったのだから考えなさい、と。これはなかなか東京らしい、いい言葉です。

佐藤　本当にいい言葉ですね。

福原　こういう言葉は、今はほとんどなくなりましたね。ですから僕もひとつのことをいうのに、いろいろなとき方をしています、ひとつの言い方ではとても伝わらないと思うから。いろんな言い方をしてみて、これでどうかと……。

◉意思の伝達　意思の共有

佐藤　『木を植えた人』の著者、ジャン・ジオノについてあれこれ資料を読んでおりましたときに、そのひとつとして、ヘンリー・ミラーの『わが読書』（新潮社）という昭和三十五年に出版された本があって、彼はこの本でジオノに一章をさいて、珍しく絶賛しています。

そこでは、コミュニケーションについても触れられていまして、つまり、われわれはコミュニケーションとコミュニオンを混同しがちだけれども、それは違う、と。コミュニケーションというのは意思や思想を伝達することといえるけれども、コミュニオンはその思想を掴み、共有することであるといっているわけです。たとえば翻訳ということで考えれば、コミュニケーションということからいえば違う言語では本当に著者の思想を摑むことはできないと考えがちだけれど、著者と読者との間にコミュニオンがあれば、翻訳で読んでも思想を理解することができるというわけです。

けれども私たちはつい、意思の伝達ということばかりを考えてしまう。思想そのもの、その人の考えそのものを摑み取ることが大事なのに。ですから、この『木を植えた人』を、多くの方に読んでいただいて、環境問題とかそういう視点でお読みくださる方もいらっしゃるのですが、もっと深いところで読んでいっていただけたらと願うのです。

福原さんのお書きになったものの中にも、経営改革で大切なもののひとつに〝トップとの意思の共有〟があげられていました。組織の中ではどうしても伝達、命令ということに傾きがちですから、なるほどと思わされたのですが……。

福原　簡単にいうと、たとえば僕たちはお互いを呼ぶときにさん付けにしようといった。これは会社が「します」といったのではありません。「しようよ」といった。これは命令ではないので、元にあるのは僕の思想です。その思想だけを申し上げれば、会社の中の人間というのは全部同じ人間で、上も下もないでしょう、と。たまたま職位があって、課長や部長という名前があるだけで、それを呼び名にすると、上下関係ができて人間性が失われてきてしまう。そうすると今の話でいえばコミュニケーションは通るけれども、コミュニオンのほうは通らない。同じ人間の組織している会社をやっていくのに、つまらないではないか。だからむしろそれを取り払っていきましょう、と言いました。

現在必ずしも会社中で一〇〇％実行されてはいないでしょう。せいぜい七割ぐらい。それも事業所によって一番責任をもっておられる方の態度によっても変わってくる。でも僕らは急がないのです。押しつけなくていいのです。なぜかというと、毎年四月一日に若い人が入ってくるんですから、急ぐことはない。

◉時を超えて生きつづけるもの

佐藤　経営改革もいよいよ五年目というところで、様々なところにその成果が目に見えてきているのではないかと思います。先日の東京国際女子マラソン大会での谷川真理さんの優勝も、そのひとつのあらわれのように感じられましたが……。

福原　たまたま（勝った）というと本人に悪いかもしれないけれど、勝つことが目的で協賛しているのではない。それでもほんとうにありがたいことに谷川さんが優勝してくれた。そしてテレビのインタビューに答えて「沿道の皆さんありがとう。会社の人の協力ありがとう」といったんですよ。谷川さんはとても人柄のいい人だけれども、よく身体の調子がいいから勝ったとか、頑張ったから勝てたというのでなく、そういうふうに自分中心ではなくて、社会中心にものごとが考えられる社員がひとりでにでてきたということです。私が教えたのでも何でもないので、これは素晴らしいことだと思っています。

ところで、話はとびますが、昨日詩人の中村稔さんにお会いしました。中村さんは版画家の駒井哲郎の評伝を最近お出しになったのです。駒井さんについての初めての評伝です。いろいろお話をうかがいました。お亡くなりになる前の一九七〇年ごろには、駒井さんはどんなに苦しんでいたか。どんなに作品が評価されなかったか。それでいて一方、精神のぎりぎりのところまで追求されるので、お酒を飲んだ。しかし、駒井さんはアルコール依存症ではなかったと、中村さんはいいます。そうだったらあんな指先の細かい仕事ができるわけがない。ところが仕事が終わるや否や酒乱になる。それで結局、若くして亡くなるわけです。涙の出るようなお話です。

ところが今や、駒井さんの精神について、なさったことについて、社会は高く評価している。それは駒井さんと同時代の人には遂にわからなかったわけです。もしわかったら、絵が高いか安いかは別にして、おそらくご本人もあんなに精神的に苦しんだ生活はされなかったと思います。

今僕たちがいっている思想というのも、ある時代にならないとわからないこともある。だけどわからないから今やらないのではなく、ということです。ほんの一部の人でも、自分の考えたことに忠実にやりつづけていくことが、大事なのではないかという気がします。

佐藤　まさに、ジオノの精神がそれだと思います。この『木を植えた人』は、一九五三年にアメリカのある編集者から「実在した忘れ得ぬ人物について書いて欲しい」と頼まれて渡したものなのですが、主人公のエルゼアール・ブフィエが実在しないことがわかって、原稿を返してきたんです。それでジオノは、その版権を放棄して、一九五四年のニューヨーク版ヴォーグを初めとして、いろんなところに載るわけです。自然保護の団体も小さなパンフレットにして、出した。私もそのパンフレットを読んで感動して、なんとか出版したいと思ったのが八年程前です。今でもいろんな国で出版されているのです。

　ですから、この本の生命みたいなものが、本当に命のあるものはそれが、さっきのお話ではありませんが、時代を超えてちゃんと生き続けていくと信じて、この本を出版しました。ジオノの思想を伝えるのには、言葉によるイマジネーションが絵や映像をはるかに超えると考えて、あえてひとつの絵もいれなかったのですが、それは成功だったようです。言葉によって築かれたイメージのリアリティーは、なんて豊かなのだろうと思います。

　ところで福原さんは、この本を社員の皆さんにどんなふうに読んでほしいと……。

福原　僕は逆にいえば皆さんがどういうふうな読み方をするか、ぜひ知りたいっていうそういうことですね。僕がこう読んでほしいと思うからあげるっていうんじゃなくてね。ただちょっと心配なのは、今環境が問題になっているので、リサイクルの心掛けのために読んでもらおうとかっていうふうに、直截的に取られてしまうといけないいんでね。

佐藤　これもヘンリー・ミラーが引用しているんですけれども、読書家に四種類あるっていうんです。ひとつは〝海綿のような読書家〟、読んだものを全部吸い取り、それをほぼ同じ状態で元に戻す、ただ少し汚れただけ。二番目は〝砂時計〟、なにも残さず、一冊の本を時間潰しのために読み通すことで満足する。三番目は〝味噌漉し〟、原語でなんていってるんでしょうね、つまり読んだものの滓だけ残す。そして最後は〝モガル・ダイヤモンド〟、稀にして貴重、読んだものにより益を得、かつそれによって他を益する、というわけです。福原さんが今度なさったことは、いろんなものに影響を与え、他を益するということで、モガル・ダイヤモンドのような……。
福原　そうかしら？　でもそれは面白い比喩だなあ。おっしゃるように言葉っていうのは、人を感動させせなければならない、ならないっていうのはおかしいな、なるものもあるわけだ。少なくともこの本っていうのは、ある人々を感動させるに違いないし、感動すれば何らかの行動に必ずなってくるであろうし、そういうことが望ましいですね。

『木を植えた人』
ジャン・ジオノ 著
原みち子 訳

◉自己抑制の大切さ

佐藤　木を植えるっていうのは、いろんなことに例えることができるんだろうと思います。私はこの本のなかで、一日に百個ずつ団栗《どんぐり》を植える、けっして百個以上は植えなかった、というところが、非常に考えさせられているんですね。私、やっぱり抑制するというか、必ずしも肯定的にすべての物事をやるんじゃなくて、否定的に、忍耐だとか我慢だとか選択だとか、そういうふうなことが、木を植えるっていうときに、とても大事なことではないかと。
福原　それは大事なところだなあ。自己抑制っていうかね、否定の部分がないと……。ついこの間「国際化時代の新ブランド戦略」っていうシンポジウムがあったんですよ。僕は二年前にパリの香水サミットで発言した自分のブランド論を、もういちどそこで展開しました。第四回香水サミットでは、フランスの人たちはかなりショックを受けたんですね。日本の柔道みたいなもんですよ、日本が本家だと思っていたら……っていう。

かつて僕たちは、フランスのブランドの作り方、つまりいまいわれたように、長期に亘って自己抑制を利かせつつ存続させて、その中に伝統を作り、そして技術を高め、それでさらにブランドのポジションを高めていくっていう、そのやり方を、一所懸命ヨーロッパから学んで、今日にいたってきたんだ、と。ところが近頃拝見していると、フランスの人たちは、スキー選手の名前を香水に付けたり、映画俳優の名前を付けたり、しかも失敗するとすぐに止めてしまう。結局そういうことがすべてのブランドを殺しているんじゃないですか。ですからお客さんの方が、もうブランドというものを信頼しなくなるんです。最近の日本の雑誌の創刊ブームがそうじゃありませんか。

私のブランド論というのは、実はブランドというのは、目に見える部分のブランドと目に見えない部分のブランドとがあるということなんです。目に見える部分というのは、たとえばルイ・ヴィトンだとLVっていうあのマークと、ルイ・ヴィトンのデザインがあります。そして目に見えない部分というのは、今いったような数百年の歴史の部分。その中でどういうものを作ってきたか。それから技術の部分。その間に培われた素材の研究だとか、職人の技術の問題。それから培われたイメージの資産。そういうものは、目に見えない部分です。そして実はブランドパワーっていうのは、見えない部分が本当のパワーなんですね。見える部分というのは単なる現象に過ぎない。人間だって同じことです。

◉変わらない価値を求めて

佐藤　本当に今お話をうかがっていて、頷けることばかりです。私もこの頃考えておりますことは、〝変わるもの　変わらないもの〟ということです。今私たちは、変わるものに非常に惑わされている部分があって、その中で変わらないものが何かということを、はっきり見極めることが大事なんじゃないだろうか、と。出版のことを考えてみましても、次々にこういうニーズがあるからといって、そのニーズに合わせることでどんどん出版物が出されていく。けれどもこれは、恐いことなんですね。それはたとえば絵本であれば、これだけテレビが盛んだとテレビになったものを主人公にしていくようなことでどんどん変わっていく。あるいは、本が読まれなくなったというと、おもちゃ的な仕掛のある絵本みたいなものが盛んになってくるとかですね。

しかし、そんななかで私は、変わらないものというのは必ずあるんだ、変わらない部分に焦点を合わせていこうと。それはやはり言葉ではないかと思うんです。人間がプリミティブに本来持っている言葉っていうのは何かと考えていくと、子どもの本の基本は、そこに出てくるはずだと思うんです。

私がいつも仕事をしながら大事にしていることは、松岡享子さんという人の言葉なんですが、「子どものなかにはどんな時代にも良いものに手を伸ばそうという力がある」ということ。向日性といいますかね。それから「良い本やお話のなかには、子どもたちに訴えかけて子どもたちの心を育てていく生命力がある」ということ。

そしてこのふたつの力が出会ったときに、子どもたちの心の中で素晴らしいことが起こるんだと。それを私たちは目でみることはできないけれども、信じることはできるんです。そこが子どもの本の出版の原点じゃないかと考えて、そこのところを捨ててはだめだと、いつも自分にいい聞かせているんです。そこのところさえ間違えなければ、ちゃんと持続していくんだというのが私の考え方ですね。それが私のエネルギーでもあるんです。

福原　今のお話で、子どもの心の中で素晴らしいことが起こるということ、だけどいつもすぐに起こるわけじゃなくて、五年後に起こるかもしれないんですね。ですからそれを信じてやるっていうのは大変なことだと思います。

変わらない価値と今おっしゃった。僕はその変わらない価値を見出すっていうことと、もう一つは、自分で変わらない価値を作っていこうってね。

佐藤　そのとき問題になるのが質なんですね。

福原　質っていうのは心から出てくるんであって、形から出るんじゃないですね。

佐藤　さっきブランド論でおっしゃったように、まさにブランドを支えるものは質以外にはありませんものね。しかし資生堂がやってこられたことっていうのは、美しいものだとか、高尚なものだとか、変わらないもの、非常に質的なものを追究していらした。そのへんのところが、私は今度のこの本でも読まれてほしい。この『木を植えた人』が質を考えるきっかけになれば、こんなうれしいことはありません。主人公のブフィエは、毎日百個ずつ団栗を植えた。そして三十年たったとき、そこに美しい森ができていたというだけじゃなくて、連鎖反応でそこに住む人の心も豊かに変わっていった。そういうことが長い目でみていけば起こっていく。これが今私たちが本当に目指さなければいけないことだっていうふうに思いますよね。今すぐ目の前のことがこう変わるっていうのではなく。

経営改革のことにしても、本当に長いこと考えてこられたことでしょうし。福原さんがお考えになっていらっしゃることを、身近な人たちが理解し、それから少し離れたところにいる人たちも少しずつわかってきて、実際に目に見える形で今出てきている。

福原　家を作ることにたとえますとね、棟梁としては、ただ人間が入る箱を作るのではなくて、その家に入ったら入った人の心が豊かに変わるような家を作ろうと、こういうことですよね。

佐藤　本当に今、資生堂には素晴らしいことが起こってきているな、と思います。

福原　そう言っていただけるとうれしいですね。今日は本当に良い時間を与えていただいて感謝しています。

佐藤　私どものほうこそ、本当にありがとうございました。

（一九九一年、株式会社資生堂創業一二〇周年記念品『木を植えた人』付録冊子より）

《対　談 — 2010年》

ロングセラーの秘密

公益財団法人 東京子ども図書館 理事長
松岡享子
株式会社 こぐま社 代表取締役社長
佐藤英和
※肩書は収録当時

松岡　今回は、「ナルニア国」の十周年の記念連続講演会の最終回ということで、まずはじめに佐藤さんと私がどうしてここに座らなければいけないか（笑）ということを簡単にお話ししておいたほうがいいかと思います。佐藤さんは、いわばナルニア国の生みの親でいらっしゃるので、まず誕生のいきさつについて、手短にどうぞ。

佐藤　私はこぐま社という小さな絵本の出版社をやっておりますけれども、ここ教文館の、もうお亡くなりになられた前の社長の中村義治さんと深いご縁がございました。その中村さんが、あるとき私に、「佐藤さん、教文館の中に子どもの本の店をつくりたい」とおっしゃったんですね。中村さんは、その前、一九九八年のインドのＩＢＢＹの大会で、美智子皇后がビデオでなさった「橋をかける」という基調講演をお聞きになって感銘を受け、教文館の中に、よい子どもの本の店を設けたいと決心なさった。それで、私にすべてを任せる、と。ただひとつ、条件として、中村さんは、「新刊は置かない」とおっしゃった。ロングセラーを中心に、岩波書店、福音館書店、至光社、こぐま社、この四社の本は全部揃えて置く、と。

私は、中村さんのこの考えに大変共感いたしました。私も、子どもの本でよいものはロングセラーだと信じていましたし、中村さんが、ロングセラーを軸にとおっしゃったのは、なかなかの見識だと思いました。それで、お引き受けすることになったのですが、私からも、ギャラリー部分をつくる、店員には、子どもの本のことがよく分かった人を置く、などの条件を出させていただいて、開店にこぎつけたのです。

ロングセラーを中心とした子どもの本屋なんて経営的にはなかなか大変だろうとみんなからいわれたんですけれども、幸い、出版社の協力もあり、また、ここにいらっしゃる読者・お客さまによって支えられて、無事十年が経過しました。そのうちに中村さんが、「ナルニア国には新しい本がないという話があるんだ。何とかならないかね」とおっしゃったものですから、私は松岡先生にご相談し、それが新刊コーナーにつながっていくわけです。が、それについては、松岡先生からどうぞ（笑）。

松岡　今、お話に出てきた中村社長は、ナルニア国を開く前、佐藤さんのご案内で、東京子ども図書館に来てくださいました。そして、東京子ども図書館をたいそう気に入ってくださって、おつきあいがはじまったのですけれど、あるとき私に「教文館の監査役になれ」と、おっしゃるのです。どう考えても、適任とは思えなかったのですが、ナルニア国の運営にいくらかでも力になれればと思ってお引き受けしました。

新刊コーナーのことですが、実は私どもはご存じのように東京子ども図書館という私立の子どもの図書館をしておりますが、図書館のいちばん大事な機能は「本を選ぶ」ということなんですね。そのためには新刊書をまとめて見られる場所がどうしても必要なんです。これまで、私どもは、新宿の駅ビルの中の山下書店からはじまって、渋谷の「童話屋」さん、「子どもの本の店」など、いろんな本屋さんのお世話になって、そこで、立ち読みならぬ、座り読みをさせていただいて、新刊書を選んでいました。でも、これらの書店がつぎつぎに閉店してしまって、行くところがなくなって、とても困っていたんです。

そのことを中村さんがお聞きになって、新刊も見たいというお客さまからの要望があったこととも重なって、「じゃあ、新刊を見られる場所をつくりましょう」とおっしゃってくださったのです。今では、ナルニア国新刊コーナーは、文庫の方、公立図書館や学校図書館の司書の方たちに本選びの場所として活用されています。

日本で出版されている新しい子どもの本を一望できる場所というのは、やはりどうしてもいるんですね。アメリカやイギリスでは、民間の読書推進団体などが、そういった場所を用意しているのですけれど、私企業である一書店が、一般の人でも、日本の最近の出版状況を概観できる、こうした場所を設けてくれているのは、大変ありがたいことと思います。

東京子ども図書館は、現在、財団法人として運営されていますが、そもそも財団法人という組織にしようというのは、石井桃子さんのお考えだったのですね。先生が子どもの本に関して、やりたいことをいろいろ書きとめていらしたノートがあるのですが、そこに、すでに一九六四年に財団法人の文字が見えます。そのノートには、「子どもの本の書店をしたい」ということも書かれています。

考えてみますと、東京子ども図書館は、石井先生が構想なさったことを、ほとんど全部実現することができました。ただひとつできなかったのは、子どもの本の書店です。でも、中村前社長とご縁ができて、ナルニア国ができたものですから、私は、石井先生の夢は、ナルニア国が担ってくださっている、というふうに思っています。ですから、ナルニア国が立派にやっていけるように、できるだけ、応援したいと思っているのです。

ナルニア国は書店ではありますけれども、本を商品として売るだけのお店ではありません。こういう講演会もそうですけれど、ギャラリーを活用して、原画展や、お話会など、いろいろな催しをしています。それから、いちばん大事なことは、店員の方たちが、お客様に情報を提供したり、相談に乗ったり、本と一緒にいろいろなサービスを提供することもしています。ナルニア国が、そういうユニークな本屋さんになるについては、設立のときに佐藤さんがお考えになったことが生きているのだと思いますが、ナルニア「国」というからには憲法がなくてはいけないというので(笑)、「ナルニア国憲章」というのをおつくりになっていますよね。ちょっとそのお話をしていただけますか。

佐藤　はい。中村さんが、「佐藤さん、本屋の名前を何にするんだ」とおっしゃったとき、いろいろ考えて、「ナルニア」というのがいいなと思って、そう提案したんです。そしたら中村さんが、「ナルニアって何だ?」とおっしゃるんで(笑)、私は「ナルニア国ものがたり」の話をして『ライオンと魔女』を読んでいただいたんです。そしたら中村さんがね、「佐藤さんね、『ナルニア国』にしよう」とおっしゃった。これは、卓見だと思いました。国ならば憲章をつくろうということになって、ナルニア国憲章ができました。

松岡　ちょっと読んでいただいたらどうでしょう。ご存じない方もいらっしゃるでしょうから。

佐藤　きょうお配りした資料の中にもちゃんとはいっているんですけれどもね。

・ナルニア国はだれもが楽しみくつろげる空間です。

なぜなら、すぐれた子どもの本は読む人に喜びとやすらぎをもたらしてくれるからです。

・ナルニア国は何度も訪れたくなる空間です。

なぜなら、ここにはくりかえし読みたくなる命と力にあふれた本が出会いを待っているからです。

・ナルニア国は穏やかで満ちたりた空間です。

なぜなら、ここには豊かで美しい世界に誘ってくれる本がたくさん揃っているからです。

・ナルニア国はこころが自由になれる空間です。

なぜなら、ここにある本は私たちの心を解き放ち、どこへでも飛んでゆける、想像力の翼を与えてくれるからです。

・ナルニア国は時間も国境も越えられる空間です。

なぜなら、ここに選ばれた本は、世界中の小さな人たちから、年を重ねた人たちまでをひきつけ、世代を超えて長く読みつがれていくからです。

◉よい本とは

松岡　立派な憲章ですよね。ナルニア国だけでなく、ほかの図書館でも、文庫でも、精神としては、これと同じことを目指して、活動を続けていらっしゃるところはたくさんあると思います。ナルニア国はこうして「ロングセラーを売り続ける場所」として運営されてきたわけですので、きょうは、この「ロングセラー」ということを中心に話をすすめたいと思います。

私は仕事柄、ときどきいろんな人から、「よい本というのはどういう本ですか」ということをきかれることがあります。でも、よい本というのを、ひとことでいうのはとてもむつかしいんですね。いくら抽象的に「芸術的にすぐれている本」とか、「生きる力を与える本」とかいっても、具体的に一冊の本を前にしたとき、それらの〝定義〟が実際にあてはまるかどうかは、なかなか判断のつかないことで、簡単にひと括りして「よい本」「わるい本」などと決めることはできないものです。子どもは一人ひとり違うし、本も一冊々々違う。ひとりの子どもと一冊の本が出会って、その結果、子どもの中で何かいいことが起こったときに、その本がその子にとって「よい本」になるのであって、初めからどこかに「よい本」というものが存在しているわけではないのですから。

それでも、図書館員にしても、学校の先生にしても、両親にしても、祖父母にしても、やはり子どもに渡す本を選ばなければならない人は、

「どこかに目安がほしい」と思ってらっしゃいますね。で、私がいつも申し上げるのは、「古い本をお選びなさい」ということです。それだと非常に具体的で分かりやすいのです。

佐藤さんは出版社としてもいくつかのロングセラーを出していらっしゃるし、それから絵本を勉強している人たちのところにお話にいらして、一冊の本が生き延びてロングセラーになるには、どういうようなことがその本の中にはあるのか、ということをいつもお話しになっていらっしゃるので、佐藤さんの考えるロングセラーとは何か、ロングセラーの条件についてお話をしていただけたら、と思います。

佐藤　実は出版者として、私がいちばん願っているのは、長く読み継がれる本をつくりたいということなんですけれどもね。ロングセラーというのは実はつくることができないんですよ。ほんとに、ね。

私どもの出版社でいちばんはじめにロングセラーになった本は『わたしのワンピース』なんです。この本が出版されたのは一九六九年の十二月一日です。そして二〇一〇年の二月一日で百五十一回目の印刷をしているわけです。総計で百四十三万六千二百五十部出ているんですね［編註＝二〇一六年二月現在、百七十四刷、百六十四万七千二百部］。これはね、私どもがロングセラーにしたいと願ってなったのではありません。ロングセラーということからいえばですね、私どもは、自分たちが手がけた本、自分が編集した本は全部よい本だ、子どもたちに喜ばれるに違いないと思って出版しているわけなんですね。が、そうはいかないんです（笑）。

私はね、絵本というのは「まだ文字をひとりで読めない子どものためにある」と考えています。子どもたちは字が読めませんから読んでもらわなければいけません。そうすると、読んでもらったときに、その本が、そのお話が、自分に喜びをもたらしたときは、必ず「もう一度！」といいます。必ずいいます。そして、「もう一度、もう一度」と何度も何度も読んでもらいたがります。

　でも、ひとりの子どもがそういうだけではロングセラーにはならないわけで、その隣りの子も、またその隣りの子も、東京の子も、大阪の子も、北海道の子も、九州の子も、山の子も、島の子も、海辺の子どもも、「もう一回読んで！」といわなければ、出版は続けられないんですよ。私どもは一度も広告をしたことがありません。ですけど、とにかく子どもたちが「もう一回」と読み継いでくれることによって、ロングセラーになる。じゃあ、その本がどうしてそんなに子どもたちに喜ばれるのかというと、それが、分からないんですよ。どんなに考えても分かりません。

『わたしのワンピース』
にしまきかやこ 作

『わたしのワンピース』は、最初はぜんぜん売れませんでした。まだ知られていなかった「こぐま社」、作者の西巻茅子さんも新人で無名だったし、絵は「子どもが描いたみたい」っていわれましたし。でも、当時、かつら文庫のお姉さんだった佐々梨代子さんが全国紙に「図書館や文庫でぼろぼろになっている本」と紹介してくださってから売れ出した。おとなでなくて、子どもが選んでくれたんです。子どもたちの中に、本来自分にたのしみをもたらす本と、そうでない本を見極める力があるということなんです。西巻さんだって、なぜこんなロングセラーになったか分からない。私にも分からない。西巻さんは絵本の研究もすごくしているし、四十年たって、絵もお話づくりも上手になっているのに、あれを超える絵本はできていない。みんな、この本を子どもが喜ぶ理由をいろいろいってくれますが、全部あたっていない気がします。

それはね、自分が出版したから、自分が携わったから分からないのかもしれないな、というふうに思います。そうでしょう? 親ばかというのがあってですね(笑)、自分の子どものことをいうのを他の人が聞いたら、「何あれ、親ばかで!」と思うじゃないですか。それと同じように、自分がつくった、生んだ子どもの本というのは分からないもの。それくらい難しいことなんです。しかし私はですね、知りたいんです(笑)、その秘密を。

ですから、私はね、ときどき、「ああ、字が読めない子どもになりたい!」というんです(笑)。そうすると周りの人はほんとに冷ややかに(笑)、「なれっこないじゃない」というんですよ。ね、西巻さんなんかもね、私がしきりにそういうと、「佐藤さんね、なれっこないじゃない!」というんですよ。「じゃ、あなたはなれるの」というとね、「私はなれるわよ」というんですよ(笑)。「なぜ」というとね、「私は絵描きだからだ」って。この秘密もですね、もう知りたくて、知りたくてたまらない。

それで、ロングセラーといわれる本を、ほんとに一所懸命読んでみるんです。たとえば、みなさんご存じでしょうけど、『ピーターラビットのおはなし』というのはね、今年で出版されて百八年ですよ、もう。『一〇〇まんびきのねこ』だって八十二年ですよ。『ぞうのババール』だって七十九年、『おかあさんだいすき』七十八年。『はなのすきなうし』七十四年。『チムとゆうかんなせんちょうさん』七十四年、『いたずらきかんしゃちゅうちゅう』七十三年ですよ。今までずっと読まれ続けている。日本に紹介されてからもずっと読まれ続けてきている。でも、なぜこんなに長く読まれているか、これについて解明した人はいないんですよ。

ですから、自分がつくった本でないこれらの本が、「どうして長い間読まれるのか」と考えるうちに、子どもが十回も、二十回も、三十回も、四十回も読むように読むんです。そうするとね、だんだん分かってくることがあるんです。その話、してもいいですか？

『ピーターラビットのおはなし』
ビアトリクス・ポター 作・絵
いしいももこ 訳
福音館書店

◉『ピーターラビットのおはなし』

松岡　どうぞ、どうぞ（笑）。
佐藤　あのね、この『ピーターラビットのおはなし』は、ほんとに……百八年なんですよ。ほんの小さな本なんです。「どうしてこの本が長いこと読み継がれるのか」。瀬田貞二先生は「手のひらに収まる小さな絵本に結晶されているこの作品を私はミニチュア絵本の宝石と呼んだことがあります」とおっしゃっています。それはそうですよ。だけどね、「なんでこの本が宝石になるのか」というのが分からない。読むでしょう？　そうするとね、「あるところに、4ひきの小さなうさぎがいました。なまえは、フロプシーにモプシーにカトンテールにピーターといいました。小うさぎたちはおかあさんといっしょに大きなもみの木のしたのすなのあなのなかにすんでいました……」と、はじまります。それで、おかあさんが出かけるときにね、おまえたちはこのあたりの野原か森の道で遊んでおいで、「でも、お百姓のマグレガーさんの畑にだけは行っちゃいけないよ」と、いうんです。ところがね、絵を見てください。おかあさんがそういっているのにピーターはぜんぜん聞いてないんですよ（笑）。で、おかあさんはそれを見て、ピーターを呼びよせて、首のところをこう……（とご自身の首をつかんで）やってですね、「いたずらするんじゃないよ！」といっているんです。マグレガーさんのうちでおまえのおとうさんは肉のパイにされたんだからね、というんです。こんな恐ろしいことを聞いているのにピーターは行きたくて、行くんですよ（笑）。ね、すぐに跳んで行くでしょ。行ってですね、ほんとに捕まりそうになることが二度、三度あるじゃないですか、ね。で、ほうほうのていで帰ってくるんです。洋服も、靴も置いてきて。で、うちに帰って、ほかの子どもたちは晩ごはんを食べられるのに、ピーターはおなかが痛くてカミツレのせんじ薬を飲まされ

『ピーターラビットのおはなし』p.7
ピアトリクス・ポター 作・絵
いしいももこ 訳
福音館書店

るんですよ。

みなさんね、この話って、いい話でしょうか（笑）。だって、「おまえたちのおとうさんはマグレガーさんのうちで事故にあって肉のパイにされたんだよ」っていいわれているのに、行くんです。行って捕まりそうになる。捕まったら肉のパイになるんですよ。そして、帰ってきておなかが痛くなって、カミツレの煎じ薬を飲まされて寝るという、この一日。この一日がピーターにとっていい日だったのでしょうか？（笑）

『ピーターラビットのおはなし』p.47
ビアトリクス・ポター 作・絵
いしいももこ 訳
福音館書店

恐ろしい話です。できたら読ませたくない話ですよ。

私はね、どうしてこの本を子どもたちがくり返し読むんだろうかと、ずっと考えていたんですけど、分からなかったんです。でも、知りたくていろいろな本を読んでいるうちに、センダックの『絵本論』（脇明子・島多代訳、岩波書店）の中に、ビアトリクス・ポターが出てくる章が二章あるのを見つけました。私はそこをほんとに一所懸命読みました、何か秘密がないだろうか、と。そうしたらね、さすがはセンダックです。何度も何度も読んでいるうちに、こういう一節に出会ったんです。


「なぜなら、ポターの本のうちでも最も優れた数冊は、ナンセンスに傾くことなく率直かつ誠実にとらえたファンタジーを、リアリティとしっかり編みあわせたところから生まれてきたのだからです。」

これはね、ピーターラビットの本というのはですね、ウサギの話で人間の話じゃないんです。子どもの話じゃなく、ウサギの話でしょ。ファンタジーなんです。ところがですね、このファンタジーが「率直かつ誠実にとらえたファンタジー」を「リアリティとしっかり編み合わせたところから生まれてきた」と。センダックは、この本は、あるところはほんとにウサギだけれど、しかし、あるところは少年ではないか、というんですよ。ほんとに……見ていると、初めのほうで洋服を着て出かけるところなんていうのは、ウサギではありませんよ（笑）。ところが、マグレガーさんのところから走って逃げて、木戸に向かってまさに脱兎のごとく駆けていくところは、ウサギそのものなんです。実によく描いているんです。「ああ、これなんだ！」と思いました。

そして、さらにセンダックの本を読んでいて、びっくりしたのは、こういうことが書いてあったんです。ご存じのようにポターは暗号で日記を書いていたのですが、今やその暗号は読み解かれて、本も出ています。センダックはその日記を実にくり返し、くり返し読んだようなんです。その日記の終わりのところらしいんですが、

「……エススウェイト湖にまつわる最も楽しい思い出のひとつは、ある日曜日の午後、オートミール峰にすわっていたときのことだ。そこにはちょっと窪んだテーブルのような岩があり、足もとには小道と牧場とオークの林のある細長い谷間がひろがり、目の下一面の

草の中や落ち葉の下では、ちっぽけな茸の小人たちが歌ったりお辞儀をしたり踊ったりしていて、笛を吹くようなその声は、だれにでもは聞こえない迷いネズミやコウモリの声に似ており、彼らのことをいくらか知っている私はすわってその光景を見下ろしていた。」

と、あります。ポターは、ピーターラビットを書くときに、ウサギと話ができたんですよ。ウサギの語ることが聞こえたんですね。そのことが日記の中にちらっと書かれている。センダックはそのところを、やっぱり、見ているんです。そしてほんとにファンタジーとリアリティとがひとつになっている、これこそがピーターラビットが読み継がれている秘密なのだ、というんです。

私はそういうことからセンダックに関心をもって、今また再刊されたセンダックのこんな大きな本、『センダックの世界』（セルマ・G・レインズ著、渡辺茂男訳、岩波書店）を読んだんです。そしたら、『かいじゅうたちのいるところ』についての章にこういう一節があるんです。

「……わたしたちは、たしかに、子どもたちが情緒的に受け入れることのできない、そして心配を高めるような、苦痛にみちた新しい経験から、彼らを守ってやろうとねがいます。そして、ある程度、そのような経験を幼なすぎるときにしなくてすむようにしてやることはできます。わかりきったことです。けれども同じようにわかりきったことで、あまりにもよく見すごされることは、子どもたちは、ごく幼いときから、自分を苦しめる感情と馴れ親しんで生きているということ、恐れや心配は、彼らの日常生活に本来ある要素だということ、そして、いつでも彼らなりに、できるかぎりフラストレーションに耐えている、という事実です。そして子どもたちは、ファンタジーを通じてカタルシスを達成します。かいぶつたちを手なずけるために、子どもたちがもっている最高の手段です。」

そしてさらに、こういうことも書いているんです。

「……人間存在の一つの状態としての子ども時代。そして、すべての子どもたちが、一日一日、どのようにして子ども時代をとおりすぎるのか。彼らが、たいくつ、恐れ、痛み、そして悩みをどのように克服し、そして喜びをみつけるのか、ということに、わたしはつきることのない興味をもっています。子どもたちは成長できるのだということが、わたしには、いつも奇蹟のように思われます。」

『かいじゅうたちのいるところ』
モーリス・センダック 作
じんぐうてるお 訳
冨山房

いやあ、センダックもね、子どもをほんとうによく知っている。ポターもよく知っている。そしてその人たちがほんとうに日常的なこととファンタジーとをひとつにしていく、そこのところがロングセラーの秘密なのだということが、ちょっと分かってきたところがあるんです。おもしろいですねえ、本というのは。私はますます絵本が好きになった。

◉昔話にある二層

松岡　どうもありがとうございました。なかなか力のこもったいいお話を伺えて。長く読み継がれている本というのは、私たち、子どもに本を紹介する立場にあるおとなも、くり返し、くり返し読む必要があるのだと思います。そういうふうにしてくり返して読んでいるうちに、佐藤さんがおっしゃったような発見があったり、「あ、ここにひとつの秘密が隠されているのだな」ということが分かったりすると思います。

リリアン・スミスは、「絵本というのは子どもにとってひとつの冒険だ」といういい方をしていまして、つまりそれは現実の生活とは別の体験を絵本の中でするのだといっていて、長く読み継がれている本はみな、子どもにそういうことをさせてくれるんだということですね。

今、佐藤さんはセンダックのことばを引いて「リアリティとファンタジー」ということをおっしゃいましたけれども、これはひとつ子どもの本を考えるとき、あるいは子どもの本というだけではなくて、私たちが生きるということを考えるときにも、とても大事なことなのではないかと思います。つまり、私たちはリアリティの中に生きているけれども、リアリティだけだと生きられない部分がある。その部分を心の中でファンタジーとして私たちは生きているということがあると思います。

それで、そのファンタジーの世界といいますか、つまりこの世の中で目の前に見えていないことを見たり、起こっていないことも、あたかも自分の身に起こったように感じたりすることのできる力というのは、むしろ子どもの中に豊かにあって、大きくなるにつれて徐々に失われていく能力のような気がするんです。ですから、子ども時代に絵本を読んで、お話を聞いて、ファンタジーというもの、ことばをかえれば、心の中の世界というものをもつことを学んで育つ――ということがとても大事なことだと思います。私たちが、子どもたちにお話をすることをみなさんにお勧めしているのも、お話を聞くことが心の中の世界をつくっていくことにつながるからです。

ところで、今では、子どもたちにお話をしてくださる方が大勢育ってきて、学校に行ったり、図書館に行ったり、保育園に行ったりして、子どもたちにお話をしてくださっています。大勢の方が、子どもたちのために選んで語られるお話の中には、グリムの昔話がよく出てきます。私自身はあまりたくさんグリムのお話をレパートリーにもっていないんですけれども、グリムのお話を語る方たちは、「子どもたちは、グリムを実によく聞く」とおっしゃいます。ほんとうにくり返し、そうおっしゃいます。もうシーンとして聞いたとか、お話の中にぐいぐいはいってくる手ごたえがあった、とか。で、どんなお話だったの、ときいてみると、「七羽のカラス」だったり、「おどっておどってぼろぼろになったくつ」だったり、「森の家」や「かえるの王さま」だったりするんですけど。

こういう話は、もし、おとなが額面どおりにというか、そこに書かれていることだけを辿って読んでいくと、これは小さい子には分からないのではないかしら、と思われることがたくさん出てくる話です。

外国のお話ですから、私たちの生活の中になじみのないことがたくさん出てきます。たとえば「七羽のカラス」では、娘が洗礼を受けず死ぬのではないかと怖れた父親が、洗礼の水を汲みに行って帰ってこない息子たちに呪いのことばを吐くところから話が展開していきますが、日本の幼い子どもたちがみな、洗礼のことをよく知っているわけではないでしょう。そういう、ふつうに考えれば理解するための障害になるような要素が、お話の中にたくさんはいっています。にもかかわらず、子どもたちが、何かこうぐーっと引き込まれるように物語の中にはいっていく、というようなことがあるのはどうしてか、ということを、それこそ佐藤さんが絵本の中にある命の長さの秘密を探るように、私も探っています。

ひとつ私が感じていることは、ロングセラーの絵本の秘密にも共通することだと思いますが、昔話は、ふたつの層で、子どもたちに訴えているのではないかということです。ひとつの、上のほうの層は、「こういうことがありました。主人公はどこへ行きました、誰に会いました……」といった、話の中の事実を追っていく層なんですね。それはもちろん子どもたちに伝わるんですけれど、その下に、もうひとつ、そのお話を成立させている、何かもっと深い要素があって、それが、表面の出来事とは別のルートで、子どもの心に働きかけているという気がしてならないんです。心理学の人にいわせれば、すぐ〝それは無意識だ〟と、一言で片付けられるんでしょうが、私は心理学者ではありませんから、そう性急にそういうことばを使いたくないのです。そう簡単に割り切って、分かったような気になりたくない。もう少し、あいまいなままで、そっとしておきたいと思っています。

昔話、それもふしぎなことが起こる、魔法昔話といわれるものの中には、何か分からないけれど、そのお話の底を流れているものがあって、それが、上の層とは違う、下の層を通って子どもたちのところへ届いている。で、おとなが「こんなのは子どもには分からないんじゃないか」ということを、子どもは、たぶん下の深い層で、分からないなりに受け止めているのではないか、と私は考えているのです。

というのは、やはりお話をしているとき、事実だけで成り立っているようなかわいらしいお話をしているときは、子どもは話している人の顔を見ていますね。でも、ちょっと何かこう、まあ、魂に関わるような深いテーマをもったお話をしているときは、子どもたちは語り手の顔を見ているようでいて、ほんとうは見ていなくて、そのさきの〝どこか別のところ〟を見ているという感じがすることがありますよね。何かが確かに伝わっている、という感じ。そういう感じのある話が長生きをする、というふうに私は考えるんです。これは、さきほど佐藤さんのお話に出てきた「ファンタジー」とも重なりますが。

で、絵本はピーターラビットが百八歳だというようなことからいいますと、昔話はもうそれとは比べものにならないくらい長い年月を生きてきた物語です。本になって売られてこそいないけれど、超ロングセラーといってもいいものですよね。つまり、長く読み継がれてきた、長く語り継がれてきた物語には、何か額面のものとは別のものが底に流れていて、それがお話と一緒にふたつの層を成して子どもに届いていく。子どもは、実はその下の層から届くものを、わけが分からないなりにもつかみ取る能力を非常に強くもっている。ファンタジーを受け止める能力というふうに考えてもいいかもしれません。

そういう何というか、〝何かそこにあるんだ〟という感じ。よくは分からないけれども、それに惹かれるとかね。そういう感受性というか、感知能力は、むしろ子どもの中にたくさんあって、おとなになるにつれて失われていく。しかも、今のような時代には、合理精神とか、科学的な考え方とか、理路整然とした秩序とかが、教育の中でものすごく尊ばれていて、それこそが教育だというふうに考えられていて、〝何か分からないけど何か心惹かれる〟とか、〝何か知らないけれども、何か不安だ〟とか、そういう、何というか、理性でないところで感じているようなことを耕したり、励ましたり、育てたりするような教育は、今の学校の教育ではほとんどされていません。だから、直感とか本能とかいうものは、むしろ非常に抑制されて子どもたちは大きくなります。だから、初めには、豊かにあったにもかかわらず、そして、本来ならば、もっと発達させれば発達したであろう、そういう能力が、刺激を与えられないまま、萎縮しているように思います。

昔、ちょっと思い出せませんが、子どもの本のことを書いた文章を読んでいたときに、「理解する」ということばにapprehendとcomprehendというのがある、と論じていたものがあったのを思い出します。理解するというので、いちばんふつうに使われているのはunderstandですが、apprehendというのは、名詞形であるapprehensionが、「心配」とか「気がかり」などと訳されることからも分かるように、何かこう、よくは分からないけれど何かをつかむ、という感じのことばなんですね。それに対してcomprehendのほうは、非常に隅から隅までよく分かって理解するというような意味で使われます。たとえばcomprehensiveな本といえば、ひとつの主題をいろんな角度から、隅々までていねいに扱ったものを指すとかね。

子どもたちは生まれてから、何も分からない世の中に放り出されるわけですから、その中でいろいろなことを探りながら生きていかなくてはなりません。隅から隅までよく分かって、ということはできません。だから、apprehendのほう、〝何かそこにありそうだ〟とか、〝こっちのほうが確からしい〟とか、そういう、まあ、ことばでいえば「直感」に近いところで生きているわけですよね。そういう、子どものapprehendする力に応えてくれるものがあるのが、お話でも、絵本でも、長生きする条件ではないかと思います。

◉『いたずらきかんしゃ ちゅうちゅう』

佐藤　今ね、お話を聞きながら私は『いたずらきかんしゃ ちゅうちゅう』のことを思い出していました。この本はね、一九三七年刊で、もう七十三年、日本で福音館書店から出たのが一九六一年で、もう四十九年ですね。その間ずっと読まれ続けているんです。『ちゅうちゅう』はバートンが長男のために描いた話です。*To my son Alice*という献辞がある。さっき、お話しした「ピーターラビット」も、ポターが、知り合いの息子さんが病気になったと聞いて、絵入りの手紙を書いてやった。それが発端になっています。たったひとりの、愛する子どものために書いてやった。これは、大事なことだと思います。『ちゅうちゅう』はバートンの処女作とされていますが、実は、出版されませんでしたけれども、その前にひとつお話を書いているんですね。それをあっちこっちの出版社に送ったけど、みんな返されてきた。悩んだ彼女はそのお話を自分の子どもに話してみた。そしたら、途中で寝てしまった。ああ、やっぱり、と思って、彼女は、心機一転、アリスの喜ぶ絵本をつくったのです。みなさんご存じのとおり、『ちゅうちゅう』には、ちゅうちゅうを愛してやまない、ジムとオーリーとアーチボールドという機関士と機関助士と車掌がいます。彼らによく

『いたずらきかんしゃ ちゅうちゅう』
p.18
バージニア・リー・バートン 文・絵
むらおかはなこ 訳
福音館書店

世話をしてもらって、毎日、小さな駅から大きな駅まで、決められた時間に決められた線路を行ったりきたりして、たくさんの人や、重たい荷物や郵便物を運んでいます。ところがある日、「ひとりで走ったらどんなに気持ちがいいだろう」と思うんですね。みんなが「あっ、かわいい機関車がひとりで走っているよ、すごいすごい」っていうだろうって。

そうしたら、チャンス到来！　ジムとオーリーとアーチボールドがコーヒーを飲んでいるときに、「いまだ！」と走り出すんです。ほんとうに気持ちよかったんですよ。自由でね。沿線の人たちが大騒ぎしているのを、みんなが自分に喜びの声をあげている、と思うものですから、どんどん走るんですねえ。でも、跳ね橋を通ったとき、炭水車を川に落としてしまうんです。そして、力がなくなって、いつもは行かない線

路にはいってしまって、そこで座り込んでしまうんです。

さて、どうします？　みなさん、考えるでしょ。ジムとオーリーとアーチボールドが自分のこと、心配しているだろうなって。だけどね、ここには助けにこないだろうなって。私のことばでいえば、挫折感と絶望感ですよ。この絵は、挫折感と絶望感の絵なんですよ。自分を愛してくれる人から、どうして逃げ出したりしたんだろう。もう助けに来てくれることはないだろうって。

で、一方ジムたちは、ちゅうちゅうを追いかけていく。そしてね、ちゅうちゅうを見つけ出す。ジムは鎖をもって走り、ちゅうちゅうは、ちいさく、ぷう！　っという汽笛で喜びの叫びをあげる。三人は、助け出したちゅうちゅうに何をしたか。けががなかったかを見て、傷がひとつもなかったことを知って、踊って喜んだというのです。ただの一言も、小言をいわなかったのです。帰る道で、ちゅうちゅうはいいます。「わたしは、もうにげたり　しません。」って。

『いたずらきかんしゃ ちゅうちゅう』
p.45
バージニア・リー・バートン 文・絵
むらおかはなこ 訳
福音館書店

みなさんね、ちゅうちゅうは変わったんです。はじめに機関車ちゅうちゅうの絵があります。最後にもあります。同じちゅうちゅうでも、中身が変わっているわけでしょ。でも、バージニア・リー・バートンは、どこで変わったか、書いてないんですよ。

松岡さんは、お話には、目に見えるところと目に見えないところがあって、見えないところも子どもはちゃんと分かるんだ、とおっしゃいました。そうとしか思えないですよ。書いてないんですから。私たちおとなは、書いてあることしか分からないです。ところが、子どもは書いてないことも読み取っているに違いない。子どもたちは機関車が大好きだから、とか、子どもたちはいたずらが好きだから、なんていう単純なことではありません。私は、ここにも、子どもたちが長い間、この本を読み継いで来た秘密があるのではないか、と思います。

松岡　先日、私どもの図書館で、宮城正枝さんという方に、バージニア・リー・バートンについてのお話をしていただいたのですけれど、『ちゅうちゅう』の背後にも、作者自身のストーリーが隠されていることを知りました。ご自身は、意識していらっしゃらなかったかもしれないけれど、バートンさんの人生体験の深みから、何かが浮かび上がってきて、佐藤さんがいみじくも解説してくださったような意味が作品の中に結実していったんだろうと思います。

話をロングセラーにもどしますと、佐藤さんがおっしゃったように「ロングセラーはつくろうとしてつくれるわけではない」のですね。作者が考えている以上の何かがそこに加わっているのでしょう。たとえば、こぐま社のもうひとつのロングセラーに『しろくまちゃんのほっとけーき』がありますが、この成功の秘密を分析する人は、おそらく、この本の主題が食べものであるとか、つくるプロセスが描かれているとか、できあがったものを仲良しと分けるというか、喜びがあるとか、いろいろいうでしょうね。でも、それだけだったら、今、ここで、十分なら十分という時間をあげるから、この三つの条件を満たすお話を書いてごらんなさい、といわれれば、私でもつくれると思います。でも、それはロングセラーにはならないでしょう。だから、よいお話や、よい絵本がもっているようないろんな条件を全部備えていても、ロングセラーになるには、なおそこに足りない何かがある。では、それは何か、ということがやはりとても大きな問題になりますよね。

いちばんの秘密のひとつは、やはり、その物語なら物語が、書く人の体験や、感覚に非常に深く根ざしていることではないかと思います。ほんとうの作家というのは、神様から特別の才能を与えられていて、人の心の深いところへはいっていくことのできる人なのでしょう。深いところ、深いところへとはいっていくと、たとえば、それこそユングがいったような、〝普遍的な無意識〟というようなところまで届くのかもしれません。そういう「選ばれた人」は、心の中に、深みへ通じる「秘密のトンネル」をもっていて、意識的につくろうと考えなくても、自然にその深いところから何かが流れ出てくるのでしょう。たとえば、アンデルセンとか、宮沢賢治とかいう作家は、自分自身も非常に辛いことや、苦しいことを体験したけれども、それだけではなくて、多くの人が、長い歴史の中で、営々として生きて体験してきたことが蓄えられている水脈のようなところから何かを汲み上げながら、作品をつくり上げているんじゃないかと思います。

逆に読者は、これもまた無意識に、作品にこめられている「その人の中の深い何か」を感じとるのですね。図書館で見ていても、子どもたちは、年齢が低ければ低いほど、昔と変わりません。小さければ小さいほど、さっきからいっている独特の感覚で、ものごとをつかむ力をもっている。だから、額面のところで起こっていることは分からなくても、それを飛び越えて、底に流れているものをとらえることができる。

層を成しているというのは、ある意味、リアリティとファンタジー、あるいは目に見えるものと見えないものというようにとらえてもいいでしょう。見えないものを信ずる力は、おとなより子どものほうが格段に強くもっていますから、子ども時代に、〝目に見えない世界を内に秘めつつ目に見える世界を描いた〟本に出会ったら、直感的に、それを自分のものとして、それに親しむことによって、自分の心の中に目に見えない世界をつくっていく。本は、そういうふうにして、子どもたちの成長を助けているのだと思います。では、佐藤さんに、しめくくりのことばを。

佐藤　いま松岡さんのお話を聞きながら考えていたのですが、松岡さんのお書きになった本の中に、私が子どもの本の出版に関わり、またナルニア国の経営に関わるということの原点になっていることばがあるので、そのことを申し上げて、しめくくりにしたいと思います。松岡さんのことばそのものではなく、私が自分なりに解釈したことばになっているのですが。

松岡さんは、子どもというのは毎日々々伸びているのだとおっしゃるのです。もうまったくその通りだと思います。とくに絵本を読む子どもたち、一歳、二歳、三歳、四歳、五歳の子どもはですね、毎日々々驚くべき早さで成長を遂げているわけですね。きのう知らなかったことをきょう知るし、朝できなかったことを、お昼にはもうできるようになっている。伸びるとは、何に向かって伸びるのか。上に向かって伸びる。上には何があるのか。よいものがある。だから、子どもたちはよいものに手を伸ばして、伸び続けている。

そしてよい本、まあ、ロングセラーといってもいいでしょうけれど、よい本には、子どもたちに訴えかける力がある。よい本の子どもたちに訴えかける力と、伸びようとする子どもの手がこう、一緒になったそのときに、子どもたちの心の中で素晴らしい出来事が起こるのだ。それを私たちは見ることができないけれど、信じることができる、と。

でも、子どもたちはひとりでによいものと出会うことはできない。誰かが、出会わせる人がいるのです。仲立ちになる人が。それは誰でしょう？　みなさんでしょう？　みなさんお一人おひとりが子どもたちとよいものとを出会わせる仲立ちになる方たちなんです。

私なりのことばでいえば、それは家庭だと思うし、図書館であり、本屋だと思うんです。ですからナルニア国が、その大きな役割を果たしてくれるように願っています。そしてまた、みなさんがナルニア国を支えてくださることによって、私たちはほんとうに希望をもつことができるのではないだろうか——それが私の結語でございます。どうもありがとうございます。

〈初出＝『こどもとしょかん』一二八号。二〇一〇年三月四日、教文館・ウェンライトホール、ナルニア国十周年記念対談〉

iii

読みつがれる絵本のために

「こぐまちゃんえほん」の誕生

こぐま社を創立した当時、福音館書店から、「子どもがはじめてであう本」というシリーズ名で、ブルーナの絵本のシリーズが出ていました。私は、とても気に入って、まだ日本で訳されていない本も丸善に行って買い求めていました。ところが、ひとつ非常にひっかかったことがあるんです。それは、「こどもがはじめてであう本」だとうたってあることです。つまり、「まだ文字を読むに至ってない子どもたちの本だ」ということができますね。そういう年齢の子どもたちと一緒に読んでいると、気になるところが出てきました。

例えば、『ちいさなうさこちゃん』という絵本の一番最初の方で、ふわおくさんが買い物に行きます。さやえんどうと梨の絵が描いてあります。ところがそれは、洋梨の絵なんです。そうすると子どもたちは、「これは梨じゃない」というんです。今でこそ、洋梨が広く出回って

一般に食べられるようになりましたけれども、当時は梨といえば、二十世紀とか長十郎などでした。ですから、子どもたちが絵本の絵を見たとき、自分の知っている梨とは違うので、梨ではないと思ったのですね。そんなことから、私は、何とかして、「日本の子どもたちが、はじめて出会う本を作りたい」と考えるようになったのです。

当時私は、おもちゃ屋さんに頼まれて作った十二冊の絵本の仕事で関わった、司修さん、西巻茅子さん、馬場のぼるさん、そして一作目の絵本をお願いした和田義臣さんらと絵本の勉強会をしていました。そして、「日本の子どもたちがはじめて出会う本を作る」ということを目指しての勉強会を始めました。そして、私が編集者という立場から人選し、だんだんとその勉強会のメンバーが固定化されてきました。

まず私は、日本の子どもたちがはじめて出会う絵本で、どういうキャラクターにしようかと考えたときに、若山憲さんに絵をお願いしたいと思い、クマのキャラクターを提案しました。若山さんにお願いしたのは、一九六八年、『きつねやまのよめいり』を描いていただいた時に、その色に感動したからです。私は、子どもがはじめて出会う絵本として、「こぐまちゃんえほん」の色は、日本の色にこだわりたいと思っていました。若山さんは、日本の風景には原色はない、みんな中間色なのです、とおっしゃっていました。

こぐま社というのは、私のあだ名からつけられた名前ですが、こぐま社が絵本を出すのに、こぐまのキャラクターが一番ふさわしいと思いました。そして、若山憲さん、森比左志さん（森久保仙太郎氏のペンネーム）、和田義臣さん、そして私の四人で、日本の子どもたちがはじめて出会う「こぐまちゃんえほん」を作っていこうと決めました。私たちは、毎週研究会を続けていきました。「子どもにとって絵本とはなにか?」、海外の絵本を覗いてみながら、絵本の勉強をしていったわけです。

会を重ねるうちに、だんだんはっきりしてきたことがあります。それは、「こぐまちゃんの年齢を二歳にする」ということです。なぜ二歳かというと、場面と場面とを結びつけながら絵本を読む、ということができるようになるのが、二歳から二歳半だからで、そこの年齢を読者対象と考えました。そして、いったい二歳から二歳半というのは、どういう年齢なのか、どういう特徴があるのか、ということを、みんなで一緒に、ずいぶんいろんな本を読んで勉強しました。

非常に幸せだったことに、そのとき若山先生のお子さんが、ちょうどその年代でした。私は、このことは、「こぐまちゃんえほん」の誕生にとって本当にラッキーなことだったと思います。私は、若山さんに育児日誌のようなもの、今日子どもがどんなことをしたのか、それに対してどういう反応があったのかということを記録して、それを絵を描きながら話してもらって、みんなで毎週のように集まって話し合いました。こうして、本を読む以外に、二歳から二歳半の子どもの日常がどういうものであるか、子どもたちはどんなことをするのかを、よく知ることができるようになり、私たちの中に、「なるほど、二歳から二歳半の子どもたちは、こういう子どもたちなんだ」というイメージが、だんだんわくようになってきました。

主人公はクマにしよう、ということは決まりました。けれども、それをどんな絵にしようか、どういうキャラクターにしようかということを決めなければいけませんでした。私たちは、やはりブルーナの影響というものを受けていましたので、輪郭のはっきりした、色のきれいな絵にしようとイメージしました。

『こぐまちゃんのみずあそび』
わかやまけん 作

それから私は、「こぐまちゃんは、ぬいぐるみのクマである」ということをみんなに提案しました。すると若山さんは、「佐藤さん、それは無理ですよ。ぬいぐるみを動かすことはできません」とおっしゃるのです。私はそこで、「ぬいぐるみが動かないなんてことはありません。幼い子どもたちにとって、ぬいぐるみは生きているのです。だから、子どもたちは、ぬいぐるみとお話をするのです。遊ぶのです。だから、動かしてください」と主張いたしました。こうして、若山先生が考えていくうちに、ぬいぐるみのこぐまちゃんやしろくまちゃんが、だんだん動くようになりました。こぐまちゃんの着ている洋服は、時が経っても古くならないものにしようと決めました。こうして、こぐまちゃんの洋服は、おしゃれからはまったく縁遠いものになったわけです(笑)。

こぐまちゃんの年齢は決まりました。キャラクターも決まりました。次に、こぐまちゃんはどんな家庭で生活しているのか、ということを考えました。つまり、家族構成などです。

当時は一人っ子が多かったので、こぐまちゃんは一人っ子にしよう、と決めました。そして、お父さんとお母さんと一緒に暮らしているということにしました。今でこそ、〇歳から保育園に通っている子どもはたくさんいますが、当時は二歳から二歳半の子どもは家庭で生活していました。ですから、こぐまちゃんが家庭の中で生活している姿を描くことにしました。

そして、お友達をどうしようかと考えたときに、しろくまちゃんを登場させることにしました。しろくまちゃんは、お母さんとお父さんと一緒に、こぐまちゃんの家のすぐ近所に住んでいて、二人はとても仲良しなんだ、という設定にしました。こんなふうに、だんだんイメージがはっきりしてきて、それに応えて、若山先生がいろいろな絵を描いてくださるようになったわけです。

◉リトグラフ手法と創意工夫

先ほど、キャラクターを考えるときに、色のはっきりしたきれいな絵にしたいと考えたと申し上げました。絵本を印刷するとき、普通は四色［黄・マゼンダ（赤）・シアン（青）・黒］のセットインクを網点で掛け合わせて表現します。けれども私は、「こぐまちゃんえほん」は、子どもがはじめて出会う絵本だから、なんとかして手作りの手法で作りたい、きれいな色にしたい、と考えました。

こぐま社は、リトグラフという手作りの手法を用いて絵本を作っていました。一版一版、色ごとにジンク版という亜鉛の板に直接描いていくのです。こういう手法で絵本を作っていたのは、実は、当初こぐま社にお金がなかったからなのです。なんとかして製作費を抑えて絵本を作れないかと考えていたときに、アメリカの出版社では、絵描きさんに色分けして絵を描いてもらうという、カラーセパレートの手法を取っていることがわかりました。そして、それは日本ではかつて「描き版」といって紙芝居をつくるときに使われていた手法だということがわかりました。

紙芝居というのは、部数が少ないうえにカラーです。ということは、製作費にお金をかけることはできない状況です。そこで、画家からもらった原画を色ごとに分けて、描き分けの職人に版を描いてもらうという手法を取っていたのです。私は、この方法でいこうと考えました。

そして、描き版の職人を探し、中村成夫さんという人と出会ったのです。

中村成夫さんは、紙芝居の製作をずっとやっていた人で、描き版の技術をちゃんと持っていました。そして、司修さんや、馬場のぼるさん、二俣英五郎さん、多田ヒロシさん、若山憲さんらの描き手を全部こぐま社に来てもらって、描き版の講習会をしてもらってから、絵本の製作をはじめたわけです。西巻茅子さんは、もともとリトグラフを工房でやっていらしたので、その必要はありませんでした。

このようなわけで、こぐまちゃんもリトグラフの方法を取ることになりました。この場合、［通常のカラー製版のための］四色分解の必要はありませんから、製版代の費用が浮くことになります。私はその浮いた分で、六色印刷にしようと考えました。

こぐまちゃんの体の色はグレーで、通常なら墨の平網になりますが、私は特色のグレーで印刷したいと考えました。できるだけ網点を使わずに、全部特色のベタでいこうと考えたのです。けれども、両面六色印刷にするとお金がかかります。そこで、私は片面六色、片面一色という方法を考えました。

「こぐまちゃんえほん」はA版の全紙一枚からできていて、表面六色、裏面一色印刷です。普通の絵本は、表面四色、裏面四色で、合計八色使いますが、こぐまちゃん絵本は、表裏合計七色しか使っていないのです。しかも、特色ですから、中間色が使えるのです。

一枚の紙に印刷する、片面カラーで片面モノクロとする、製本代も安く丈夫な中綴じ形式にするなど、製作費を抑えながらも、色のきれいな絵本にするためにはどうしたらよいかを、さまざまな点から考えたのです。束見本ができると、子どもがやるであろう乱暴な扱いをして、丈夫さに対するテストも重ねました。

◉シリーズの原点

さて、いよいよお話を作るということになります。

森比左志さんは、和光小学校の先生を長くやっていた方で、NHKの子ども向けラジオ番組の司会者をなさるなど、タレント性もあり、児童文学者としてお話を作るということもやっておられました。それから、北原白秋の門下の方々が発行しておられた月刊の同人誌に毎月歌を発表していた歌人でもありました。そこで、森比左志さんに文を書いてもらおうと思いました。

和田義臣さんは、児童劇の作家でした。宮沢

描き分け版による
リトグラフ手法を用いた
6色印刷の例

（『しろくまちゃんのほっとけーき』より）

① 墨

② 墨＋特色青

③ 墨＋特色青＋特色グレー

④ 墨＋特色青＋特色グレー
＋特色緑

⑤ 墨＋特色青＋特色グレー
＋特色緑＋特色オレンジ

⑥ 墨＋特色青＋特色グレー
＋特色緑＋特色オレンジ＋特色黄

賢治の「よだかの星」という劇作で、文部大臣賞を受賞しておられました。私は、絵本は子どもがはじめて出会う本であり、子どもたちは絵で読むのだから絵が大事だと申しましたが、お話も絵と同様に大事だと感じていました。そして、お話（物語）にはドラマ＝劇的なものが必要だと考えて、和田義臣さんを起用したわけです。

お話の中でいかにドラマ性をもたせるかというところでは、和田先生に力を発揮していただき、そして、美しい文章に仕上げるために、歌人でもあり、ことばについての専門家でいらっしゃる森比左志先生にお願いしたのです。ここに、絵を担当する若山さんを加えて、この四人のメンバーであれば絵本制作ができると、私は考えたわけです。

ところが、非常に難しい問題が起こってきました。つまり経済的な理由から一枚の紙を片面六色、片面一色という印刷方式で、中綴じ製本にすると、面付けの都合で、真ん中に見開きカラーのページができてしまう。このために、ドラマの一番の盛り上がりを真ん中のページにもってこなければいけなくなってしまったのです。これは、実に大問題でありました。しかし、これをクリアしなければなりません。

このようなやり方で作っていくと、一年に何冊もできるものではありません。そこで、まず三冊作って一セットにしようという予定で、最初の三冊『こぐまちゃんおはよう』『こぐまちゃんとどうぶつえん』『こぐまちゃんとぼーる』を作りました。これらができるまでには、ずいぶん時間がかかりました。こぐま社をはじめてまもなく、私はこの絵本のシリーズを作ろうと考えましたが、実際できあがるまでには、五年の時間がかかりました。

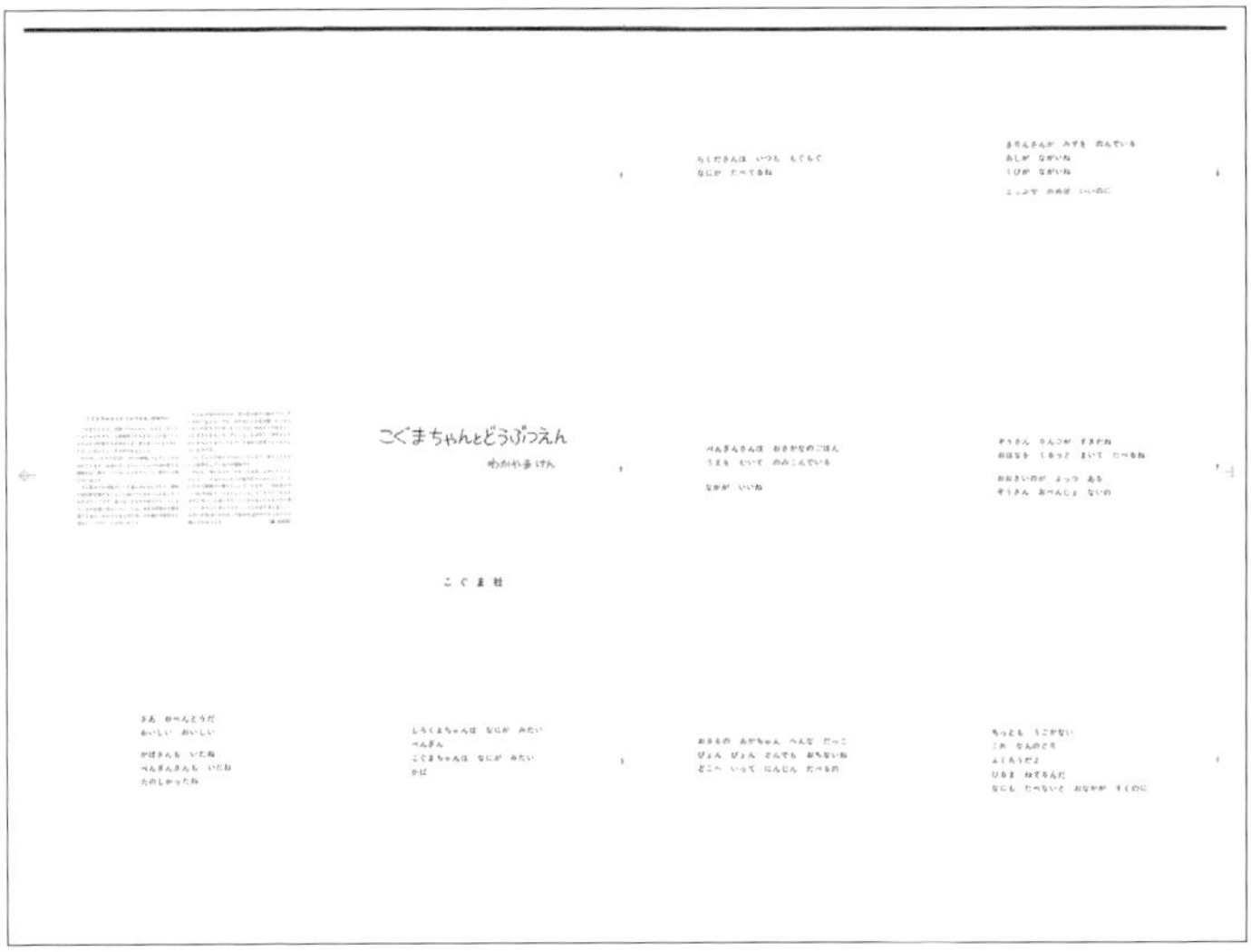

『こぐまちゃんとどうぶつえん』を印刷したＡ版全紙。
上が特色カラー６色の表面、下が墨一色の裏面。

あさごはんです
いただきます
ばたーを　つけた　ぱん
はちみつを　つけた　ぱん
こぐまちゃんは　みんな　すきです
こぐまちゃんは　いっぱい　たべます

シリーズの一番最初の絵本『こぐまちゃんおはよう』は、朝起きてから夜寝るまでの、こぐまちゃんの一日のお話です。私たちは、二歳から二歳半の子どもたちの一日をどのように描こうかと、ずいぶん話し合いました。

まず第一に、こぐまちゃんが起きてきたところからはじまります。

先ほど、子どもたちは絵を読む、子どもたちにとって、絵はことばの役割をする、ということを申し上げました。若山先生には、「一冊の絵本のなかで、読めない絵は一枚も描かないでください。全部、こぐまちゃんとしろくまちゃんが何をしているかがわかる絵にしてくださ い」とお願いしました。ですから、こぐまちゃんが目を覚まし、自分で顔を洗い、朝ご飯の場面へと続きますが、どれも、こぐまちゃんが何をしているのかがわかる絵になっています。

みんな　いっしょに　だっこ
まんいんだよ
おもい　おもい
へいき　へいき

左右ともに
『こぐまちゃんおはよう』
わかやまけん 作より

あさごはんです
いただきます
ばたーを　つけた　ぱん
はちみつを　つけた　ぱん
こぐまちゃんは　みんな　すきです
こぐまちゃんは　いっぱい　たべます

この場面で机の上に並べられているものも、全部何が描いてあるか読める絵になっています。

みんな　いっしょに　だっこ
まんいんだよ
おもい　おもい
へいき　へいき

と、こぐまちゃんが遊ぶ場面があり、つぎのページが、排泄の場面です。

排泄の場面を入れるかどうかは、ずいぶん時間をとって検討しました。今では、『みんなうんち』（五味太郎作、福音館書店）など、排泄の場面を描いた絵本はいろいろありますが、当時はそのような場面を描いた絵本はなかったので、ずいぶん議論になりました。

しかし、こぐまちゃんの一日の生活の中で、排泄という行為はどうしても大事だからということで、入れることにしました。そうして若山さんは、かわいらしいおまるで、こぐまちゃんがうんちをしている場面を描いたわけです。出版後、「このかわいい便器は、どこに売っているのですか？」という問い合わせがずいぶんきました。

そして、森久保先生のこの文章です。

まだですか
まだですよ
こぐまちゃんは
まいにち　うんちを　します

なんて美しい文章でしょうか。排泄の場面なのですよ。結局、絵本の中に排泄の場面を入れたことに対する読者からの苦情、非難は一通もありませんでした。むしろ逆に、この場面が描かれていたことによって、「こぐまちゃんと一緒にうんちをしましょう」といって、子どもたちに排泄のしつけができたという感謝の手紙がたくさんきました。

それから、お風呂に入って寝る。これがこぐまちゃんの一日です。私たちは、子どもたちが一日の間にすることを考えに考えて、絵ということばで描き、それを美しいことばで飾りまし

まだですか
まだですよ
こぐまちゃんは
まいにち　うんちを　します

『こぐまちゃんおはよう』
わかやまけん 作より

た。

◉待つことと忍耐力

できてしまえば、こんな絵本にどうしてあんなに時間をとったのだろう？　と思うわけですけれども、やはり、作品をつくり出すということ、創作をするということは、そういうことなのです。文章が短ければ簡単にできるというものでは決してありませんし、長ければなかなか書けないというものでもありません。私は、そういうことを非常によくわかっておりましたので、急ぐということを絶対にしませんでした。ですから、こぐま社は今日まで、年間の新刊点数は四、五冊でやってまいりました。それしか出せませんでした。とにかく私は、編集者には忍耐が必要だ、待つということが大事だ、というふうに、徹底的に叩き込まれておりました。

「11ぴきのねこ」シリーズが六冊出揃うまでに、二十九年かかったという事実を、みなさんどうお考えになりますか？　馬場のぼる先生がいつもおっしゃっていたモットーは、「大人は、だませますが、子どもはだませません」ということでした。ですから、「11ぴきのねこ」シリーズの中に、子どもだましの場面は一場面もありません。そういう場面が出てきそうになったら、私たちは、「これはだめです」といいましたし、そして、先生だって次の作品を描くために急ぐということがなかったわけではありませんが、私は、「まだまだ」といって待ちました。

私は、「待つ」ということは、とても大事なことだと考えています。ひとつの作品が生まれてくるまでには、簡単に生まれてくることもあれば、非常に時間をかけなければ生まれてこないこともあるでしょう。しかしいずれの場合でも、編集者には「待つこと」「忍耐力」というものが、とても大事な資質になるのです。

◉こだわりぬいた品質

さて、このようにして、「こぐまちゃんえほん」ができていきました。「こぐまちゃんえほん」では、ジンク版こそ使いませんでしたけれども、一場面をまず墨線で描くわけです。そして、グリーン、黄色、グレー、オレンジ、藍と、一場面ごとに色を描き分けていく作業を経て、一ページの絵ができてくるわけです。ですから、そこにいかに大変な時間がかかるかということがおわかりいただけるかと思います。

そして、それぞれの色を特色で印刷します。特色印刷では、印刷のたびにインクを練り合わせながら各色を作っていくわけですが、そうすると、初版、二刷、三刷……と、版を重ねるごとに少しずつ色が変わっていってしまうことがあります。ですから、「こぐまちゃんインク」という専用のインクを作りました。そして今では、どの刷もまったく同じ色で印刷できるようになりました。

それから、紙についてもずいぶん考えました。「こぐまちゃんえほん」では、ユーライトという紙を使っています。「こぐまちゃんえほん」は創刊時、上質紙に刷っていましたが、創刊から少したった頃、印刷効果が非常に良いと評判の、ユーライトとニューエイジという二種のマットコート紙が出ました。私は、その二つをさんざん刷り比べてみて、検討に検討を重ねて、ユーライトを選びました。この紙は、四六判であれば一二五キロベースで一三五キロの束《つか》（厚み）が出るというのも、売りのひとつのポイントでした［編註＝現在は、ニューVマットを使用］。

このように、印刷のことも紙のことも製本のことも、とにかく、印刷屋さんや製本屋さんに何度も何度も研究してもらったうえで決めるということをいたしました。

◉子どもは、だませない

「こぐまちゃんえほん」の最初の三冊が出たときの評判は、おかげさまで非常に良いものでした。そこで、これは次のシリーズもやりたいということで、第二集の編集にかかり、また一年かかって、『こぐまちゃんのうんてんしゅ』『こぐまちゃんのみずあそび』『こぐまちゃんいたいいたい』の三冊ができました。そして、第三集『こぐまちゃんありがとう』『しろくまちゃんのほっとけーき』『こぐまちゃんとふうせん』にもう一年、さらにもう一年かけて第四集『こぐまちゃんのどろあそび』『しろくまちゃんぱんかいに』『こぐまちゃんおやすみ』をつくりました。

最後の『こぐまちゃんおやすみ』ができたとき、これを最後に、「こぐまちゃんえほん」をつくるのはもうおしまいにしよう、と考えました。といいますのは、皆でしょっちゅう集まって「こぐまちゃんえほん」のことを考えるうちに、だんだんと、この調子でいけば五集、六集を作ることができる、ということを考えるようになったからです。そこで、私は立ち止まりました。この安易さというものは、必ず本に出るだろう、そうしたら、子どもはきっとそれを見抜くだろうと考えたわけです。ですから、三年たって別冊としてあと三冊『さよなら さんかく』『ひらいた ひらいた』『たんじょうびおめでとう』という、わらべうたやことば遊びをテーマにした絵本を作りましたが、本シリーズは第四集で打ち切りにいたしました。

こぐま社にとっては、もっとシリーズが続いていたほうが、経営は安定したかもしれません。しかし私は、もしも第五集、第六集というふうに出していたら、こぐま社は今、ないかもしれないとも思うのです。

子どもたちが、繰り返し繰り返し読むということは、よく読むことであり、深く読むことです。私は、絵本の出版について考えるとき、いつもそのことを考えます。『どろんこハリー』は大変多くの子どもたちに読みつがれていますが、二冊目の『海辺のハリー』、三冊目の『ハリーのセーター』を、子どもたちは『どろんこハリー』ほどに喜ぶでしょうか？　二作目では、絵はもっと上手になるでしょうし、お話作りももっと上達するでしょう。しかし、そうやってできた本を子どもたちは一冊目ほど喜ばないのです。『もりのなか』もそうでしょう。『またもりへ』は、子どもたちは、一冊目ほど喜びませんでした。『ひとまねこざる』も、あれほど人々に喜ばれましたけれども、よくよく読んでみれば、おもしろいのは最初の二冊までなのです。そして今、『ひとまねこざる』の新シリーズが出ていますが、私は何年かしたときに、原出版社に一作目の『ひとまねこざる』さえもなくなってしまうのではないかという恐れを抱いています。

私は、子どもたちの読者としての力を信じなければ、絵本の仕事はできないと思っています。リリアン・H・スミスの『児童文学論』や、ポール・アザールの『本・子ども・大人』、瀬田貞二さんの『絵本論――子どもの本評論集』には、私たちが相手にしている、まだ文字を読むに至っていない子どもの、目には見えないことばの力というものがどんなにすごいものかということが、繰り返し書かれています。

私たちがこれまで、こんなに少ない出版点数でなぜやってこられたのかというと、ロングセラーの本が多いからです。こぐま社は、業界紙以外の新聞には一度も広告を出したことがありません。しかし、私たちが出版した本を子どもたちが読んでくれて、「楽しい、もう一度読んで」と持ってくる。このことを考えると、子どもたちのこの力によって、絵本が、そして私どもの社が、生かされてきたと思うのです。

◉『しろくまちゃんのほっとけーき』人気の秘密

「こぐまちゃんえほん」シリーズの中でも、『しろくまちゃんのほっとけーき』は、一番人気がある本です。現在、こぐま社で一番たくさん売れている絵本で、これまでに一二三万部くらい売れています〔編註＝二〇一六年二月現在、二七七万部」。

私は、なぜこの『しろくまちゃんのほっとけーき』が子どもたちに喜ばれているのだろうかということを、ずっと考え続けてきました。はじめのうちは、子どもたちはホットケーキが大好きだからではないかと考えました。けれども、子どもたちが大好きなものを絵本の素材にすれば、売れる本になるのでしょうか？　もしそうだとしたら、こんなに簡単なことはないはずです。では、子どもたちが大好きなホットケーキをお母さんと一緒に作るからでしょうか？　確かにそれは、すばらしいことでしょう。でも、お母さんと大好きなものを一緒に作る絵本をつくれば子どもは喜ぶかというと、そんなことはないのです。そうすると、大好きなホットケーキをお母さんと一緒に作って、一番仲の良いお友だちであるしろくまちゃんと一緒に食べるからでしょうか？　それもあるかもしれません。では、そういうふうに、お母さんと大好きなものを作って、大好きなお友だちと一緒に食べたり遊んだりする絵本を作ればいいのか、というと、そんなことはありません。こんなにも子どもたちに喜ばれるのはなぜだろうか？ということをいくら考えても、もちろんその答えはわかりません。けれども、『しろくまちゃんのほっとけーき』を出版してからこれまでに届いた読者からの手紙を読んでいると、驚かされることがたくさんあります。

まず、この本を読んだあとには、「お母さん、ホットケーキ作って」という子どもが多いそうです。そこでお母さんは、「はいはい」といって〈ホットケーキの素《もと》〉をつかってホットケーキを焼こうとする。そうすると子どもは、「お母さん違う！　ちゃんとやって！」というそう

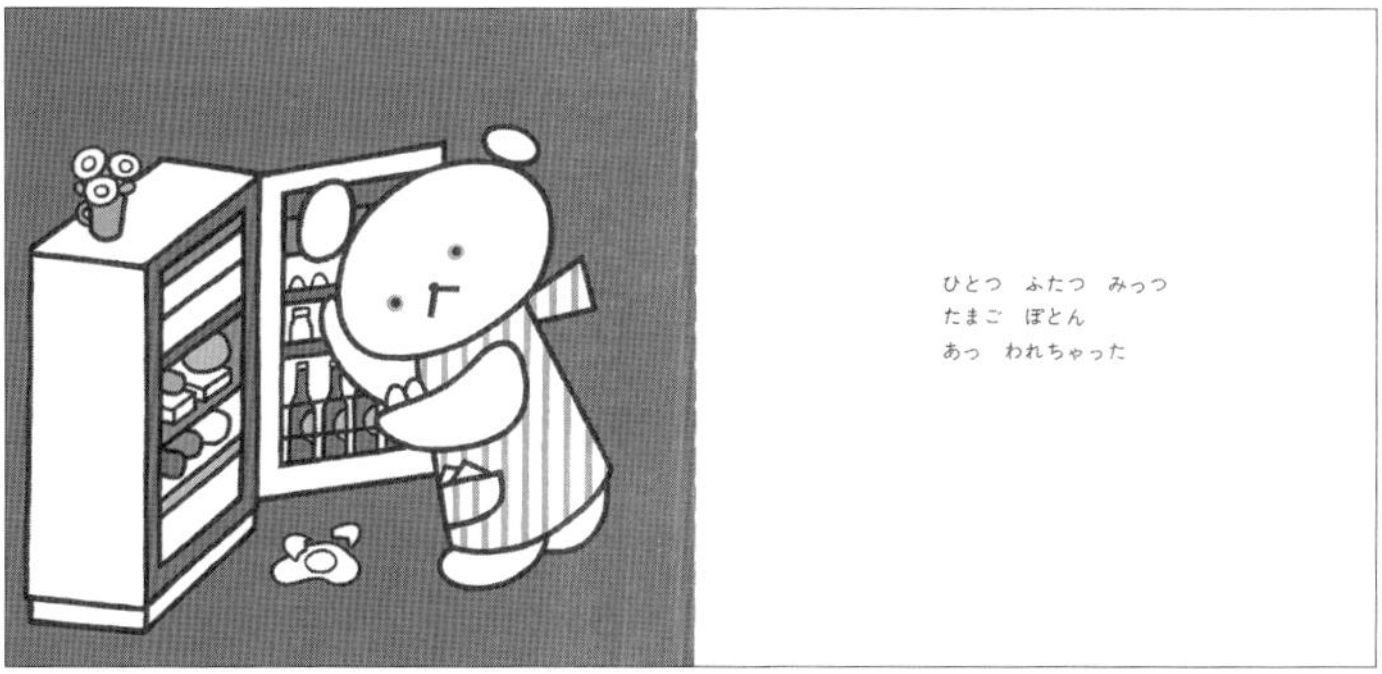
ひとつ　ふたつ　みっつ
たまご　ぽとん
あっ　われちゃった
『しろくまちゃんのほっとけーき』
わかやまけん 作より

なのです。

　私たちは服装同様、ホットケーキの材料を、時代を経ても変わらないことばで、「卵、牛乳、小麦粉、お砂糖、膨らし粉」と表現しました。だから子どもたちは〈ホットケーキの素〉で作るのではなく、「卵、牛乳、小麦粉、お砂糖、膨らし粉」でちゃんと作ってよ、というわけです。

　前半に、卵を冷蔵庫から取り出す場面、

　ひとつ　ふたつ　みっつ
　たまご　ぽとん
　あっ　われちゃった

というページがあります。この絵本を読んでもらった子どもたちの中には、ホットケーキを作るたびに、冷蔵庫を開けて、「ひとつ　ふたつ

しろくまちゃんが　まぜます
こむぎこ　おさとう　ふくらしこ
こなは　ふわふわ　ぼーるは　ごとごと
だれか　ぼーるを　おさえてて

みっつ　たまご　ぽとん　あっ　われちゃった」と、卵を割ってしまう子がいるんです。ですから、「これは、とても悪い本です」とお小言がきたこともありました。

そうかと思うと、

しろくまちゃんが　まぜます
こむぎこ　おさとう　ふくらしこ
こなは　ふわふわ　ぼーるは　ごとごと
だれか　ぼーるを　おさえてて

という、しろくまちゃんが粉を混ぜるページがあるのですが、お母さんがホットケーキを作っているときに、「押さえててあげる」という子どもがいて、「今日は、なんていい子なんだろう」と驚いたお母さんが、絵本を読み返してみたら、同じ状況が描かれていたので、「これは、

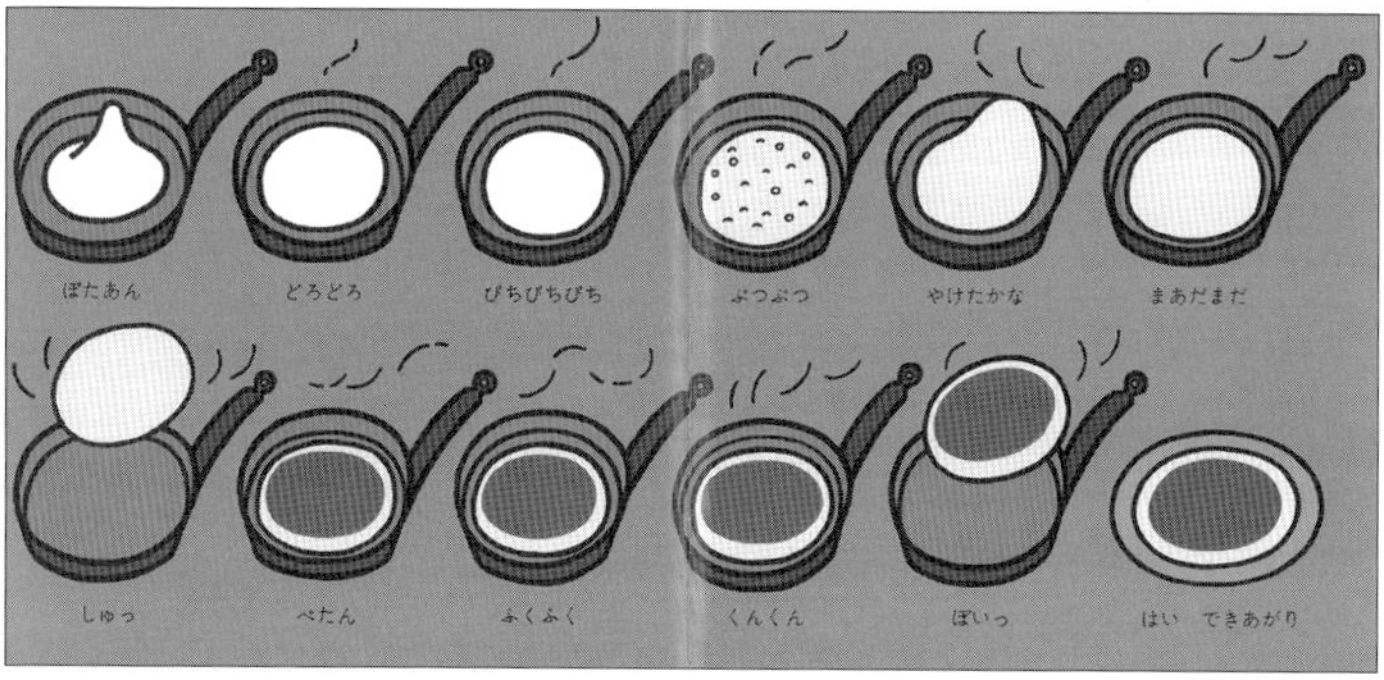

左右ともに
『しろくまちゃんのほっとけーき』
わかやまけん 作より

実にいい本ですね」という手紙をくださった方もいました。

そして、子どもたちに一番人気があるのは、ホットケーキが焼きあがるページです。子どもたちは、このページを何度も何度も読んでくれといいます。

ぽたあん　どろどろ　ぴちぴちぴち
ぷつぷつ　やけたかな　まあだまだ
しゅっ　ぺたん　ふくふく
くんくん　ぽいっ
はい　できあがり

私は、このページを四回読んでくれという子どもが非常に多いことに気がつきました。そして、そのわけを考えてみますと、次のページの「できた　できた」という場面のお皿の上に、ホットケーキが四枚のっているからなのです。一回読んだら一枚焼けて、二回読んだら二枚……、四回読むまでは、次のページにいけないというわけです。

このホットケーキが焼ける見開きのページを読んでもらっているうちに「いいにおいがしてきた」という子どもがたくさんいます。お母さんの中には、「絵本ってにおいまでするんですね」という感想をくださる方もいます。そして、「おいしいね　これ　しろくまちゃんがつくったの」という場面で、「ぼくも食べる」といって食べる真似をしたり、「ママも食べなさい」といって食べさせてくれる子どももいます。

このようなことを考えていくと、絵本は、作者や編集者が作ったものではありますが、読者がこのようにこの本を喜んでくれることによって、読みつがれて、生かされてきたのだ、と感じるのです。

〔こぐま社四十周年記念講演会・第二回、二〇〇六年〕

『11ぴきのねこ』と馬場のぼる先生

私は、一九五三年に大学を出まして河出書房に入社しました。子どもの本の編集をしたかったのですが、なかなかできませんでした。ところが二年たって、初めて子どもの本の編集部に配属されました。そして私はそのとき、馬場先生にお目にかかったのです。それが一九五五年のことですから、それから四十六年の間、編集者と作家ということで、大変親しいお付き合いをいただきました。

先生は、一九五九年に第一回小学館漫画賞を受賞されており、私が初めてお目にかかったころは、本当に売れっ子の子ども漫画の漫画家として マスコミの人たち、あるいは出版社の人たちが追いかけ回すというような方でした。そして一九六三年に『きつね森の山男』を岩崎書店からお出しになって、この本でサンケイ児童出版文化賞を受賞されました。これこそが、馬場先生がお描きになった最初の絵本でした。私は先生のお宅にすぐにお祝いに駆けつけて、先生が絵本の仕事を始められたことを非常に喜びました。

◉こぐま社設立と『11ぴきのねこ』の誕生

やがて一九六六年になって、私がこぐま社をつくり、創作絵本の出版を始めたいと言いましたら、先生は大変喜んでくださって、「自分も絵本の仕事をやりたい、そこに力を入れていきたい」とおっしゃいました。そこで私は、「先生、一緒にやりましょう」と申し上げて、創作絵本づくりに力を合わせて取り組むことになったわけです。そして最初に出した絵本が、一九六七年の『11ぴきのねこ』でした。

これはまさに、絵本でなくては語ることのできないお話でした。どんなに巧みな文章をもってしても、どんなに素晴らしい語り手でも、絵をなしにして、言葉あるいは文字だけで、この話を語ることはできませんし、子どもたちに喜ばれることはありません。馬場先生は、私たちの考えている、絵でお話を語る絵本というものに対する、本当に良い理解者でした。そして、私が願っているとおりの絵本を描いてくださったのです。

◉勧善懲悪でない絵本の評判は？

さて、この『11ぴきのねこ』を出すとき、私も馬場先生も非常に心配でした。なぜかと申しますと、日本には、「良いことをすれば良い報いがあり、悪いことをすれば悪い報いがある」、つまり勧善懲悪という考え方があり、日本の昔話も多くがそれに基づいています。そして日本でつくられる絵本もまた、そういうお話が大変多かったのです。

おおきなさかなは，いかだにひかれて　いきました。
11ぴきのねこは，みんな　よだれがでてくるのを
がまんしていました。がまんをしながら，みんなで
“たいりょうぶし”を，うたいました。それから
“ねんねこさっしゃれ”を　うたいました。
そして，
みんな　ちらっ　ちらっと　うしろを　みました。
『11ぴきのねこ』馬場のぼる 作より

ところが、このお話に出てくる大きな魚は何か悪いことをしたでしょうか？　いいえ、何も悪いことはしていません。そして、馬場先生はそのことを強調するかのごとく、あのギラギラ輝く太陽の下で、昔覚えた〝ねんねこさっしゃれ〟を魚に歌わせる場面を描いています。つまり、何も悪いことをしていない魚が骨だけになるというお話なのですから、こんなにひどいことはない。きっと世のお母さん方から、残酷だという非難があるのではないかと思いました。そのうえ、ねこたちは魚を捕まえたあとに「みんなに見せるまでは食べないこと」という約束をするのですが、この約束も破ってしまいます。ここでもまた、非難があるだろうと予想していました。

　けれども同時に、馬場先生も私も、子どもたちはきっとこのお話を喜ぶにちがいないと確信

『11ぴきのねこ』馬場のぼる 作より

ああ！　のらねこたち！　たべちゃった！
11ぴき　みんな　みんな　たぬきのおなか。

していました。なぜならば、ねこたちにとっては、こんなに大満足、こんなにうれしいことはないのです。いつもいつもお腹がペコペコだった野良猫たちが、最後は「みんな　みんな　たぬきのおなか」になるほどに、お腹いっぱい大好物の魚を食べられたという話なのですから。

　さて、いざこの本を出版すると、本当に子どもたちは喜びましたし、また、予想に反して、お母さんたちも喜んでくださいました。そして先生はこの作品で、二度目のサンケイ児童出版文化賞を受賞することになったのです。

◉続編ができない！

　私も先生もうれしくて、「『11ぴきのねこ』の続編をやりましょう！」ということになりました。そしてせっせと先生のお宅へ通って、『11ぴきのねこ』続編の話をいたしました。ところ

11ぴきのねこの
コロッケのみせ
「さあ、いらっしゃい
いらっしゃい」
とらねこたいしょうが
おきゃくを　よんでいます。
「さあ、できたてのコロッケは　いかが」
「はい、まいど　ありがとうございい」
『11ぴきのねことあほうどり』馬場のぼる 作より

が、なかなかできないのです。お話はできるのですが、お話を絵で語るということになると、これがなかなか難しいのです。

二冊目は『11ぴきのねことあほうどり』という本です。このストーリーを考えるとき、先生は、あれだけの大きな魚をしとめるという大仕事をしたねこたちのその後、というところから考えはじめました。つまり、11ぴきのねこを登場させるだけではなく、あのねこたちがその後何をやったのかについて、考えられたのです。そして先生は、11ぴきのねこは野良猫稼業をやめて街へ出て、コロッケのお店を始めた、という設定になさいました。

お話は、「11ぴきのねこが　コロッケの店をはじめました。」とはじまります。そして、コロッケを作っては売り、作っては売りして、はじめのうちは大繁盛。でも、そのうちだんだん

『11ぴきのねことあほうどり』馬場のぼる 作より

きょうもコロッケ、あすもコロッケ。

「コロッケ　コロッケ　コロッケばっかり」

「あー　もう　コロッケはあきたよ」

「もう　みるのもいやだ」

「おいしい　とりのまるやきが
たべたいねえ」

「たべたいねえ　とりのまるやき」

「あー　とりのまるやき」


売れ残るようになり、その売れ残りを食べなければならなくなってきます。


きょうもコロッケ、あすもコロッケ。

「コロッケ　コロッケ　コロッケばっかり」

「あー　もう　コロッケはあきたよ」

「もう　みるのもいやだ」

「おいしい　とりのまるやきがたべたいねえ」

「たべたいねえ　とりのまるやき」

「あー　とりのまるやき」


……ねこたちがこんなことを言いあっているところへ、アホウドリがやってきます。お話はここまで、できていました。

でも、ねこたちがアホウドリの国へ行ってアホウドリの兄弟たちにコロッケを作ってやるためには、どうにかしてアホウドリの国へ行く必要があります。先生は最初、11羽のアホウドリに11ぴきのねこがそれぞれ乗って大海原を越えてアホウドリの国へ行く、という案を考えていました。それはそれでいいのですが、そうすると、最初に来たアホウドリが二羽目以降のアホウドリをコロッケ屋まで案内してくる場面を描くことになる。けれども先生は「一冊の絵本に同じような場面を二場面描くということはしたくない」とおっしゃるのです。そこで、この話は頓挫してしまいました。

◉「ぶた」の話に方向転換したが……

私は、「先生、もうアホウドリの話はやめましょう」と言いいました。そしてまた別の切り口からブタの話になり、『11ぴきのねことぶた』をやろうということになったのです。

これは、馬場先生の中に、11ぴきのねことブタが走りっこの競走をする、そして当然のことながら11ぴきのねこがものすごい速さで走って行くのだけれど、最後でどんでん返しがあるような話をつくりたいという思いがあって、お考えになった話でした。あの大きな魚を捕まえるという大仕事ができたねこたちですが、今度はそうは簡単に問屋が卸さない、なかなか世の中というのはうまくいかないもんだよということを子どもたちに教えたい、ということですね。

ところが、この話もなかなか完成しません。私はある日、「先生、(11ぴきの)ねこの話はもうよしましょう」と申し上げました。すると先生は、「あ、ねこでなくてもよろしいですか。それならば、たちどころにできます」と、おっしゃるのです。そして二人で、泥棒の話ですとか、いろんな話をいたしました。

けれども、次にお訪ねするときには、また二人はねこの話をしているのです。先生は、私がねこでなくてもいいと申し上げたときには心底ホッとしたというのに、机の前に座って、さて、と考え始めると、先生の目の前に『11ぴきのねこ』がある。で、開いてみるわけです。そして、「なんだ、こんな簡単な話。こんなに単純な話をどうして自分はつくれないんだ?」と思われる。あるときには、よーし! と思ってウイスキーをがーっと飲んだ。「そうしたら眠くなりましてね、寝てしまいました」と……、こんなようなことなのです。

◉五年の月日、こだわりとひらめき

そんなふうにして、五年ほどたったある日、馬場先生から電話がかかってきました。先生は、「佐藤さん、11ぴきのねこができました」とおっしゃるのです。私は、もうさんざんできなかったわけですから、信じることができないわけです。まさに狼少年です。私は——今から考えると信じられないことですが——、「ああ、そうですか」と気のない返事をしました。先生は、〝佐藤さんは信じていないな〟と思ったそうです。できたとおっしゃっているのだから、すぐに飛んでいけばいいじゃないですか。ところが私は、「明日行きます……」と言ったのです。そうしたら翌日また、「何時頃、来ますか?」と、電話がかかってきました。私はそれでも、「まあ、仕事が済んでからですから、七時ぐらいかな……」なんて言いました。全然信じていなかったのですね。

七時に江古田の駅に行くと、先生はいらしていませんでした。私は、「やっぱり……」と思

『11ぴきのねことあほうどり』馬場のぼる 作より

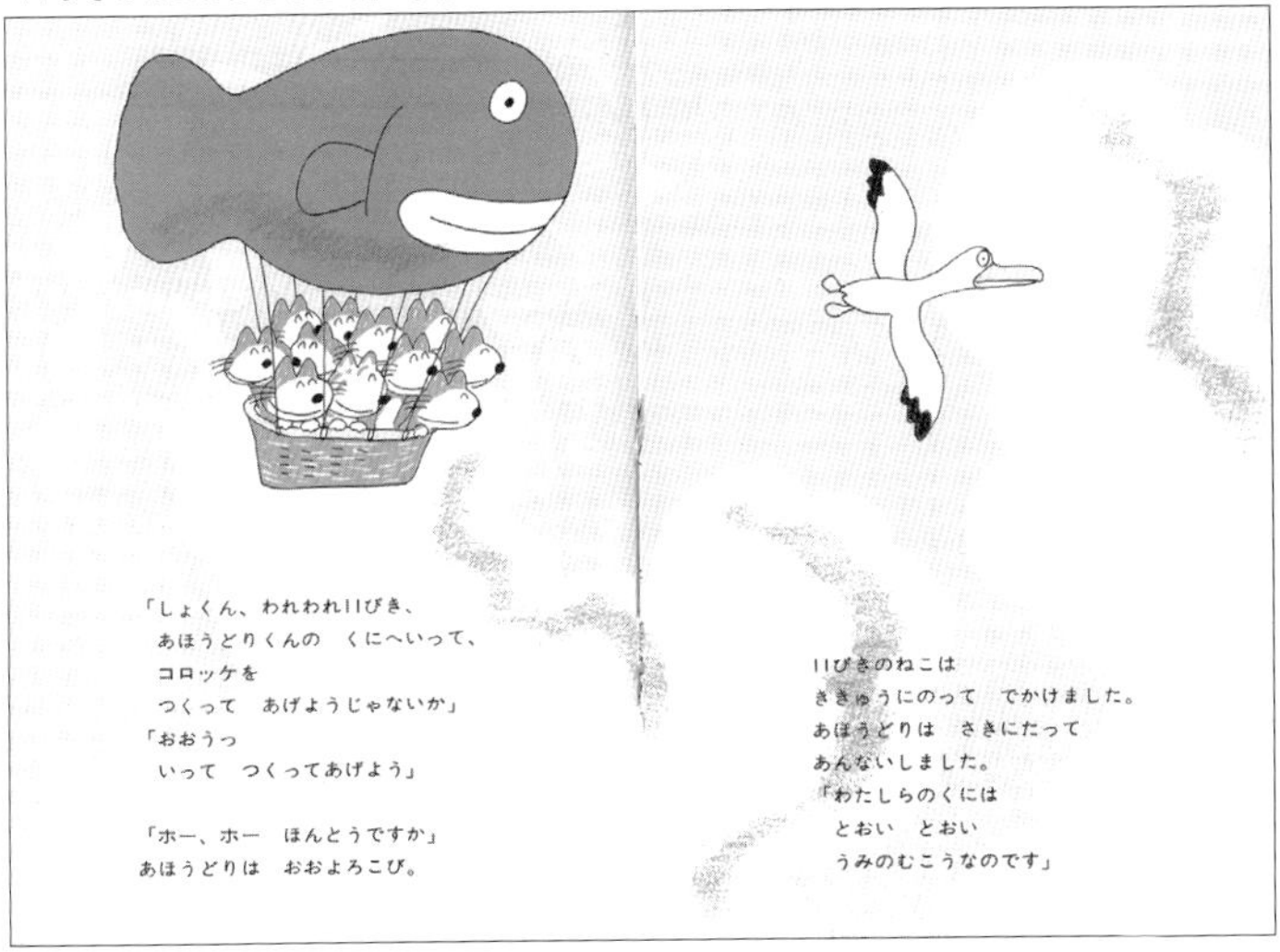
「しょくん、われわれ11ぴき、
あほうどりくんの　くにへいって、
コロッケを
つくって　あげようじゃないか」
「おおうっ
いって　つくってあげよう」
「ホー、ホー　ほんとうですか」
あほうどりは　おおよろこび。
11ぴきのねこは
ききゅうにのって　でかけました。
あほうどりは　さきにたって
あんないしました。
「わたしらのくには
とおい　とおい
うみのむこうなのです」

いました。ところが、三、四十分待った頃でしょうか、先生が両手で持った大きな封筒を頭の上で振りかざしながら、踏み切りを私のほうへ向かって渡ってこられたのです。私はそこでやっと、「あれ、できたのかな」と思いました。そのあと先生はお寿司屋で正座をなさって「長らくお待たせをば、いたしました」と、『11ぴきのねことあほうどり』のペンで描いた絵コンテを私に渡されました。拝見すると、本当にできている……。私は「先生、これで結構です」と申し上げ、先生は、「それで本当にいいですか？」とおっしゃいました。そして、「本当にいいです」とお答えして、待望の二冊目ができたというわけです。

　先生は、その夜、「佐藤さんが毎週毎週やって来て、ねこ、ねこと言う、だからできないんだ、と思っていました。ところが、佐藤さんが

『11ぴきのねことあほうどり』馬場のぼる 作より

ひと月来ないと、佐藤さんはもうねこのことは諦めたのか……、と不安になりました。そんなふうにしながらアホウドリのことを延々と考えていたら、ある晩、〝アホウドリがだんだん大きくなる。アホウドリは阿呆だ！　数が数えられない！〟という案がパパパッと頭に思い浮かび、忘れたら大変だと近くにあった紙にそのアイデアを書きとめました」とおっしゃいました。

つまり『11ぴきのねことあほうどり』は、アホウドリの背中に11ぴきのねこが一ぴきずつ乗っていくという、先生が一番お描きになりたかった場面を捨てることによって完成したのだということができるでしょう。先生はその絵を、画集『馬場のぼる　ねこのせかい』（こぐま社、一九八六年）の中で描いていらっしゃいます。そのことからもわかるように、先生は本当にその絵を描きたかったのですね。一冊の絵本の中

画集『馬場のぼる　ねこのせかい』より

に本当に描きたい、大事な場面というものはある。けれども、それを捨てることによって、アホウドリがだんだん大きくなるというアイデアがひらめき、この絵本が誕生することになった。それまでに、五年の月日がかかったのです。

◉絵が語るねこたちの思惑

さて、次の『11ぴきのねことぶた』では、ねこたちはどうなったかと言いますと、アホウドリの島でコロッケをさんざん作らされたねこたちですが、ちゃんとねこの街に帰ってくるのです。そしてまた、旅に出るのですが、その途中、空き家を見つけます。そして、そこに住むことにします。ここで、それこそ絵を読まないとわからないのですが、この空き家にちゃんとブタの絵が掛けてあるのですね。そして、ねこたちは変に思うのです。空き家だし、誰も住んでい

ねこたちは　ぶたを　いえによびました。

「ぶたくん、こっちへ　おはいり」

「わあ、びしょぬれ」

「だんろのそばで　かわかすといいよ」

「ブウブウ、どうもありがとう。ねこさんたち
しんせつなんだなあ」


ないのだけれども、ブタの絵の額が掛けてあるということを……。でも、そんなことは気にしないことにして、掃除をして、ここに住むことに決めます。

すると、ブタが現れ、「ブウブウ、ちょいとおたずねしますが」「このへんに、ぼくのおじさんのいえがあるんだが、こちらですかな」というのです。もちろんねこたちはドキッとして、とうとう来るべきものが来たと思ったでしょう。ところが、「ちがうよ　ちがうよ」「ここは11ぴきのねこのいえ」「ニャゴニャゴニャゴ」。ブタは、「たしかにこのへんなんだがな」と、非常に不審に思うわけです。ねこたちはそっとブタの様子をうかがいます。そして、もう変なやつが入ってこないように「11ぴきのねこのいえ」という表札をだす。この表札の場面に、とらねこ大将の絵を描いているのがいるんですが、

左右ともに『11ぴきのねことぶた』馬場のぼる 作より

この絵はちゃんと後の場面で、ブタの絵が掛かっていたところに、ブタの額を下ろして、飾ってあるんですね。文章ではそんなこと、何も書いていません。しかし、絵を見ていったら、今どんなことが起こっているのか、ねこたちがどんなつもりだったのかが、全部読めるようになっているのです。

◉ねこたちの身勝手さは人間と同じ

そして、ブタは仕方がないので、なんと自分で家を作り始めます。ねこたちは、「どんないえを　つくるのかな」「どうせ　ぶたごやだろ」と話しながらそれを見ています。ところが雨が降りだし、このブタがかわいそうになって、自分たちの家にブタを招き入れます。そして、ブタの家の設計図まで描いて、作るのを手伝うというのです。このあたりが面白いですね。本当に人間そのものじゃないですか。後ろめたいのです。そして、こうしてだんだんできていく。ブタはありがたいと感謝をします。ところが、でき上がったら、「11ぴきのねこのいえ」になってしまうのです。本当に、人間ですよね。

馬場先生は、絵本を描きながら、決して子どもだましを考えませんでした。「子どもだって人間なんだ、一人前ではないけれどもちゃんと人間としての素質は全部持っている」ということをきちんと知っていて、この絵本をお描きになったわけです。

さて、ブタはどうしたでしょう。もともと自分のおじさんの家なんだからといって、元の家のほうに住むことにします。壁には、ねこの絵をちゃんとはずして、ブタの絵を掛けています。そして、嵐がやってきます。もともと一本の木を柱にしている家ですから、吹き飛ばされてしまいます。そして、「おお、11ぴきのねこ　そらのむこうへ　とんでった、とんでった」というふうになって、悲しい結末を迎えることになるのです。こうやって11ぴきのねこシリーズは、長いことかかりますけれども、一冊、また一冊と、出ていきました。

◉アメリカで学んだ、一冊を大事にする姿勢

ここで少し話が変わりますが、私は『11ぴきのねことあほうどり』が出た翌年の一九七三年に、アメリカへはじめて行きました。そして、アメリカでいろいろな絵本を見たのですが、非常にびっくりするような出来事に出会うのです。

それは何かと言いますと、日本でも現在『ぼくにげちゃうよ』（マーガレット・ワイズ・ブラウン作、クレメント・ハード絵、岩田みみ訳、ほるぷ出版）という題名で出ている絵本が私は

大好きで、アメリカでの初版は一九四二年なのですが、私は一九七〇年に原書を手に入れて、翻訳が出る前から愛読していたのです。そうしましたら、この絵本は、表紙を変えたものが出ていることがわかりました。

ページをめくってみると、ストーリーはおんなじだし、絵は描き直しなのですが、構図はほとんど変わっていない。本が出てから三十年もたってから、同じ本を画家の希望に添って出版し直したというわけです。このハーパー&ローという出版社は、自分たちで出した本をなんと大事にすることかと、私は感動しました。

『きつね森の山男』馬場のぼる 作

◉『きつね森の山男』をもう一度！

私は日本に帰ってきて、そのことをずっと考えているうちに、馬場先生の最初の絵本で、岩崎書店から出て絶版になってしまっていた『きつね森の山男』を、先生がもう一度絵を描き直すことによって、こぐま社で出版することはできないだろうかと考えました。

それは、ひとつには、馬場先生の絵本を大事にしたいという気持ちと、もうひとつは、他所《よそ》から出た本ではあるけれども、本当にいい本だったら出し続けることは大事なことではないかと思ったので、先生に相談いたしました。

『きつね森の山男』馬場のぼる 作より

キツネたちは、森《もり》にようさいをきずきました。
たにのとおりみちに　石《いし》がきを　つみあげて、とのさま軍《ぐん》が
せめよせるのを、ふせぐ作戦《さくせん》です。
山男《やまおとこ》は、たいへんな力《ちから》もちでしたから、石《いし》はこびなど、ざぶと
んをかつぐのと　おなじでした。
けれども　どっちかというと、せんそうよりは　だいこんのほ
うが　すきだったのです。

先生は非常に喜んで、原出版社の岩崎書店の了解も取ってくださって、そして、絵を全部描き直してくださり、一九七四年に今のかたちで出すことができて、現在でもずっと版を重ねています。

また、この本については、先生が画業五十周年を迎えられた年に、もう一度リトグラフ方式で版を新しくして、文字も先生の手書きの文字にして、限定で特装版を出版しました。絵本の場合は真ん中で絵が切れるわけですけれど、この特装版では先生の絵を全部生かそうと思って、一枚の絵を一枚の紙に刷るようなかたちにして出しました。三百部限定だったのですが、先生はとても喜んでくださいました。私は、馬場先生の本を大事にするということをこういうかたちで表してまいりました。

『11 ぴきのねこ　ふくろのなか』馬場のぼる 作より

おおきな　ばけものが
ふくろを　かついでいきました。
「ウヒアハ　ウヒアハ……
ばかなねこたちを　まんまと
いけどったぞ。
11ぴきのねこ　ふくろのなか。
ウヒヒ　アハハ」
それは、ずうっととおいやまの
うえにすむ、ウヒアハ　という
ばけものでした。
「ウヒアハ　ウヒアハ……」
ウヒアハは、ふくろをかついで
どんどん　やまをのぼっていき
ました。

◉ウヒアハの由来は…

さて、11ぴきのねこシリーズに話を戻します。『11ぴきのねことぶた』から六年たって、『11ぴきのねこ　ふくろのなか』が出ることになります。この本には、ウヒアハという化け物が出てきます。この架空の化け物について、先生は、画集『馬場のぼる　ねこのせかい』で次のように書いていらっしゃいます。

これは、わが家の娘たちが幼かった頃、夜、なかなか寝ようとしない時など、おどかすために使っていたものでした。「ほーら、早く寝ないと、ウヒアハが来るぞォ。ウヒヒヒ……」とやりますと、大急ぎでふとんの中にもぐり込むのです。そのほか、「やきいもォー……」というのもありました。これを、おばけ

11ぴきのねこは、木のうえで　おべんとうを　たべました。
木に
のぼるな

エー、というような感じでやりますと、すごくおそろしく聞こえます。小さい子どもをおどかすのに、あとあとまでも恐怖が残ってはいけないと思い、成長するにつれてばかばかしくなるようなものを考えたのでした。ウヒヒ…、アハハハ。

先生は、絵本が生まれてくるのにご自分のお子さんたちとの関わりというのをとても大事になさっていたと思います。ご自分がお描きになった絵本はすべて、亮子さんと泰子さんという二人のお嬢さんにサインをしてあげていらしたのをよく覚えています。

◉禁を犯す喜びのお話

さて、『11ぴきのねこ　ふくろのなか』は、人間というものが、禁止されると禁を犯したく

左右ともに『11ぴきのねこ　ふくろのなか』馬場のぼる 作より

ギャオー　ゴロニャーン。
みんなは　ながいぼうを　かかえて
たるを　つきとばしました。
ウヒアハは　いしだんをころげて
たにそこへ　おちていきました。
「やったぞう。
しょくん、われわれは　ついに
ウヒアハを　やっつけたぞ！」
「えい、えい、おおうっ！」

なって、ひとつ禁を犯すとまた「これもやってしまおう」ということになっていく、そんなことがテーマですね。11ぴきのねこたちは「はなをとるな」「木にのぼるな」という禁を次々と犯していく。ところがそれはウヒアハの罠だったのですね。その罠に引っ掛かってしまって、11ぴきのねこはウヒアハの城に連れていかれて、そして奴隷のように使役されることになります。

さて、「もうだめだ」ということになったとき、「なにか　いいさくせんはないか？」と考えるのですね。しかし、そこは山の上に建てられている牢屋の中です。ねこたちは知恵を出して考えました。これが面白いんですね。ある朝、ねこたちは、自分たちがやらされているローラー引きの仕事を、さも面白そうに楽しそうにやって、ウヒアハをまんまとだまし、ウヒアハは惨めな最期を遂げることになるのです。

『11ぴきのねことへんなねこ』馬場のぼる 作より

「おー、みなさん、いちれつに、ならんで。
さあ、そらへ、むけてー」
シューッ　シューッ　シューッ。
ピカピカピカ　キラキラキラキラ。
「わーっ！」「わーっ！」「わーっ！」
まるで　もう、うちゅうへ　いったみたい。
ピカピカピカ　キラキラキラキラ。
ピカピカピカ　キラキラキラキラ。
ピカピカピカ　キラキラキラキラ。
ピカピカピカ　キラキラキラキラ。

次の話は、『11ぴきのねことへんなねこ』で、ねこたちと、水玉模様の宇宙ねことの葛藤の話です。その最後に、ねこたちが宇宙ねこの宇宙船に乗って飛び立とうとするときに、この宇宙ねこは、そうはさせまいと、宇宙花火などというものを持ち出して、11ぴきのねこたちの気を引くわけです。「わーっ、はなびだっ」「わーっ、みずたまくんがあげてる」ピカピカピカ　キラキラキラキラ……。これは、絵でしか語ることができない場面です。本当に「11ぴきのねこ」というのは六冊とも、お話のクライマックスは絵でしか語ることのできない展開になっているのです。まさに馬場先生は、私たちが願っているような絵本を描いてくださったと言えます。

◉シリーズ最後は大団円で

それからまた七年たって、いよいよ最後にな

『11ぴきのねこ　どろんこ』馬場のぼる 作より

ザッブーン。

「はあい、どろぬまー」

ザブ　ザブ　ザブ　ザブ。

「わーい」「わーい」「わーい」

11ぴきのねこ、みんな　どろんこ。

ザブ　ザブ　ザブ　ザブ。

「わーい」「わーい」「わーい」

「ウッホッホー。みんな、みんな、うれしい、うれしい」


った『11ぴきのねこ　どろんこ』を出すことになります。私は、この絵本が完成しましたときに、「ああ、11ぴきのねこは、これでおしまいだ……」と思いました。それは、なんともいえない、私の直感だったのです。それはなぜかというと、このシリーズを繰り返し繰り返し読みながら、11ぴきのねこと、それに相対して登場するものとが、悲劇で終わったり、どんでん返しで終わったり、とにかく五冊目までは「大団円」というのはひとつもありませんでした。みんな、これからまだ何かありそうだ、というような結末なのです。ところが、この六冊目は、最後、友だちになった恐竜ジャブとその子どもたち、ねこたちの大団円で終わるのです。

　この本ができたときに、先生は私にサインをしてくださいました。「やっと出ました6冊目。みんなみんな　うれしいうれしい。馬場のぼる」というサインです。私は、このときすでに先生が癌を病んでおられることは知っていましたが、もちろん、「先生、またやりましょうね」と申し上げました。先生もなお創作意欲が旺盛で、「できればまたやりましょう」と、おっしゃっていました。けれども私も先生も、このとき、「11ぴきのねこはこれでおしまいだ」という想いがあったのです。この『11ぴきのねこ　どろんこ』は、おかげさまで大変好評で、子どもたちに愛され続けています。

◉子どもの伸びる力を支える絵本

「11ぴきのねこ」シリーズは、ひとつひとつにお話があると同時に、六冊通してみると、ちゃんと11ぴきのねこたちが時とともに成長していて、いわゆる成長物語になっていることに気づきます。これを考えると、このシリーズは大河ドラマさながらの「大河絵本」だということができるのではないでしょうか。

子どもたち、とくに、絵本年齢のまだ文字を読むことができない子どもたちというのは、本当に素晴らしい言葉の力を持っています。そして、その子どもたちは、毎日毎日、成長しており、伸びているのです。昨日できなかったことが今日できるようになり、今日できなかったことが明日はできるようになる。そして、できなかったことができるようになるということは、新しい世界が見えてくるということです。昨日まで見えなかったことが、今日は見えるようになるのです。昨日知らなかったことを今日知ることによって、子どもたちは新しい高みに登って、新しい地平線を見ることになるのです。本当に、日々素晴らしい成長を遂げているのです。

しかし、子どもたちはただ大きくなっているのではありません。冒険をします。大仕事をします。失敗もします。うまくいきそうでいて、どんでん返しということもあります。そして、ジャブにいたっては、ジャブ自身がだんだん大きくなっていき、子どもを生むようにまでなります。そしてねこたち自身も、ジャブの成長とともに成長していっているのだと思います。

ジャブがいなくなってしばらく来ないときに、ジャブのことを思い出して「いまごろ何をしているかなあ」と思うようになっていきます。だからこそ、再びジャブが出てきたときに、あんなにうれしかったのではないでしょうか。ジャブが子どもを連れてきたときに、あんなに喜んだのではないでしょうか。そして最後に、ジャブとその子どもたち、背中に乗ったねこたちが泥んこに飛び込むときに、はじめの頃、あんなに泥んこがいやだった11ぴきのねこたちも泥んこになりながら、「みんな、みんな、うれしい、うれしい」というふうになったではないですか。

子どもたちの伸びていこうとする力と、自分たちの成長を支えてくれる、自分たちの成長を促してくれる、そんな本とが出会ったときに、子どもたちは「うれしい」「たのしい」というふうに思うのではないでしょうか。この「11ぴきのねこ」シリーズは、子どもたちの成長を促し、伸びていこうとする子どもたちが共感するからこそ、楽しいと思うのではないでしょうか。そう考えていくと、私は、馬場のぼるという絵本作家がお描きになったのは「11ぴきのねこ」シリーズだけではありませんけれども、とくにこのシリーズを残すことによって、本当に素晴らしい絵本作家としての生涯を終えられたと言えると思います。

『ぶどう畑のアオさん』馬場のぼる 作、奥付ページの絵

◉『ぶどう畑のアオさん』

さて、先生の最後の作品は『ぶどう畑のアオさん』でした。そしてこの作品で、奥付にある絵を描かれた三日後に、先生は校正刷を見て、亡くなられました。私は、先生が亡くなって悲しいし、気落ちをいたします。しかし、この空を見ているアオさんの絵を見ると、アオさんは先生そのもので、そのアオさんがこれから行くであろう天の国、そこはもう、痛みも悩みも悲しみもない平安だけがある世界、そこを先生が見上げていらっしゃるように思うのです。そして、これを描いて三日後に逝かれたことを思うと、私は、落胆の中から、先生のことを思い出して、いま先生が天の国で安らいでいらっしゃると思えて、私自身、少しは平安に満たされるということがあるのです。

『11 ぴきのねこ』馬場のぼる 作、表紙／裏表紙

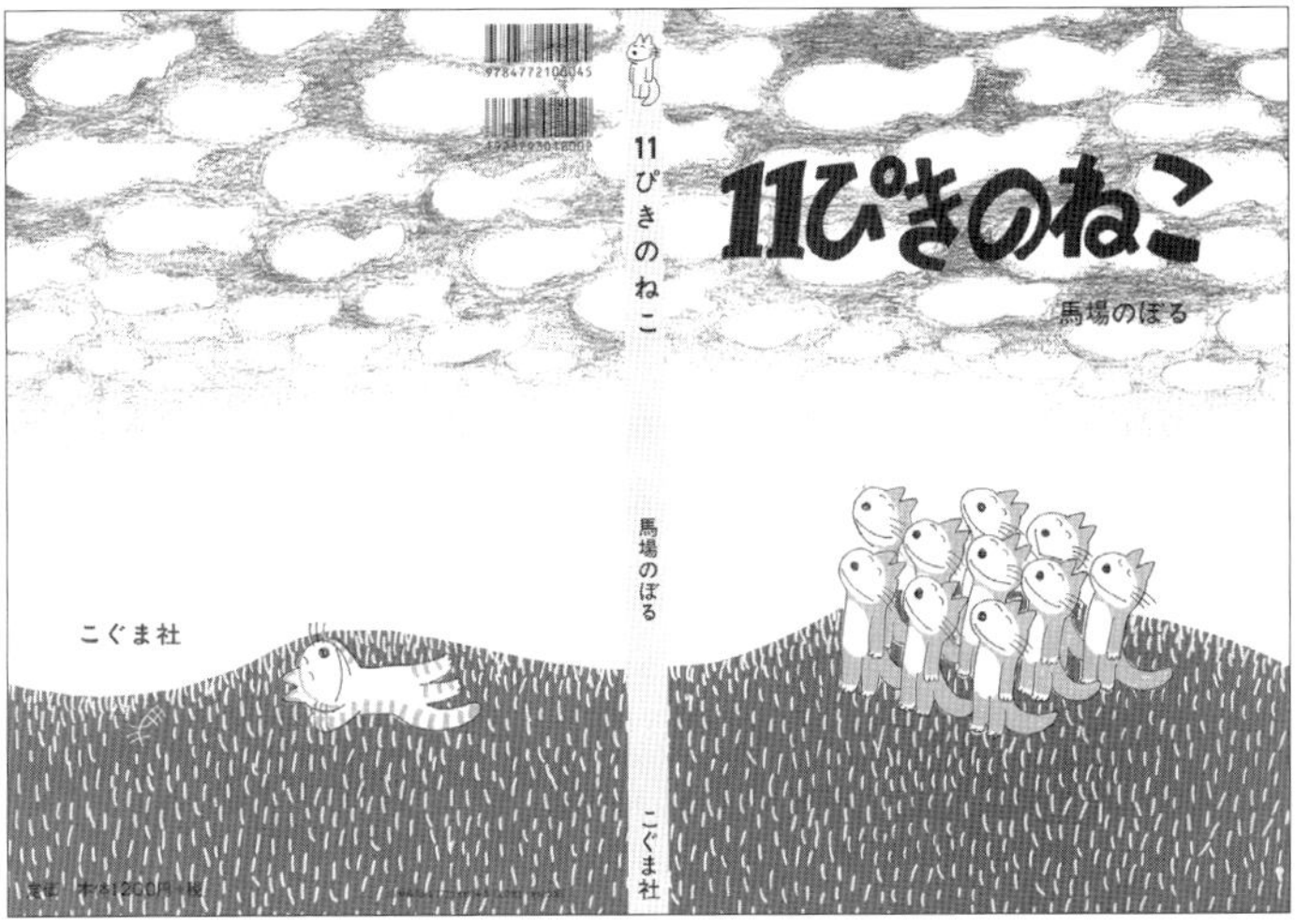

『11ぴきのねこ』の表紙の絵を見てください。なんと驚くことに、この二枚の絵には共通するものがあるのです。裏表紙の絵を見ると、トラネコ大将が、やっぱり雲を見ているではないですか。しかもその雲は、先ほどのアオさんが見ていた空の雲とおんなじような雲なんです。先生は、こぐま社で最初に出された『11ぴきのねこ』と、最後にお描きになった『ぶどう畑のアオさん』のおしまいのページとを、ちゃんと結びあわせてお亡くなりになったということを考えると、私は、先生が本当にこぐま社を愛してくださったことに胸を熱くします。そして私どもはこれからも先生の本をずっと売り続けていくという決意を新たにしているところです。

（第六回こぐまのともだちサークルの集いにおける講演、二〇〇一年）

『わたしのワンピース』ができるまで

私は、西巻茅子さんの『わたしのワンピース』（一九六九年）のことを、日本で初めての「絵本」と言っても過言ではない作品だと考えています。それまでの日本では、お話に絵をつけるものが絵本で、お話がよくて絵がよければ「よい絵本」だという考えにもとづいて、次から次に「絵本」が出版されていました。ところが、それらを子どもたちは喜ばない。これはなぜだろうか？　というところに、私の出発点がありました。私は、絵でお話を語るものが絵本だと、ずっと考えてきたのです。

◉西巻茅子さんとの出会い

こぐま社ができて一年ぐらいたった頃、日本版画協会展で西巻さんの作品を見た油野誠一先生が、「佐藤さん、版画協会展に行きなさい。西巻茅子さんという人は、絵本がやれると思うよ」と教えてくれました。実際に見に行ってみると、抽象的な絵を描かれていたので、「どうしてこの人が絵本を描けるというのだろう？」と不思議に思いました。でも、とにかく手紙を書いてお出ししてみると、西巻さんはすぐにこぐま社へ会いに来てくれました。

西巻さんはそのとき、長新太さんの絵本を見て、こんなに自由な絵が描けるなら、絵本をやってみたいと思っていた、という話をしてくれました。当時のこぐま社には、油野先生、森久保仙太郎先生、和田義臣先生などがいつもたむろして絵本の話ばかりしていたのですが、西巻さんは、大の男が夢中になって絵本の話をしている姿に少し驚いたようです。

『ボタンのくに』
なかむらしげお・にしまきかやこ 作

そして、そのおじさんたちに、「どんな絵本が描きたいの？」と聞かれて、でまかせに「ボタンの話が描きたい」と答えたのです。すると、「ボタン？　面白いね。ボタンってどんな洋服を着ているんだろうね？　どんな家に住んでいるんだろう？　どんな遊びをするのかね？」とおじさんたちは聞く。絵本を何冊か出している私たちは、絵本というものをそういうふうに考えていたのですが、当時の西巻さんは、そんなことは考えてみたこともありませんでした。やがて西巻さんは、ボタンのことならなんでも描けるようになりましたが、お話は書いたことがなかったので、文を、紙芝居づくりに詳しい中村成夫さんに手伝ってもらって、一九六七年に、第一作となる『ボタンのくに』を出しました。この経験から西巻さんは、一枚で完結した絵と一冊の絵本の広がりある世界との違いを、はっきりと思い知らされたそうです。

◉昔話から独創性へ

最初の本が出て、私は、「西巻さん、一年に一冊ずつ絵本を作るんだよ。印税は、今は払えないけど必ず払います」と言い、年末になって西巻さんのところに「少ないですけれど……」と五万円を持って行きました。そして、「あなたにはきっと断っても断りきれない仕事がきます。すばらしい才能を持った人だから、絶対いい絵本作家になりますよ」と言いました。次の年もまた五万円持って行って……ということをしていましたが、彼女は絵本を描いて食べていくつもりだったから、「私だって生活があるんだから」「毎年五万円持ってきて、佐藤さんは一体どういう人なんだろう?」と、だんだん腹が立ってきたそうです。その頃は、西巻さんは私の家へ歩いて来られる距離のところに住んでいました。そして、私の家が小さな団地で、子どもが三人もいるのを見て、「もしも佐藤さんが大きな家に住んでいたりしたらすごく腹が立つところだけれど、とても大変な暮らしをしているので、何も言えないわ……」と思ったそうです。

『まこちゃんのおたんじょうび』
にしまきかやこ 作

西巻さんには、「お話がどのようにできているか、昔話をよく勉強してください」という話をしていました。二冊目の作品、『まこちゃんのおたんじょうび』には、昔話の要素が入っています。西巻さんは、昔話からストーリー作りを学び、この絵本を作ることで、絵本作りというものを会得したと思います。文章のリズムやリフレインを自分のものにして、この絵本の文を「〝わたし〟のひとりごと」にしたいとおっしゃっていました。

◉『わたしのワンピース』

三作目となる『わたしのワンピース』ができる頃、彼女は、埼玉県の狭山というところに住んでいました。ある日、狭山から電話がかかってきて、「佐藤さん、私ね、すてきなワンピースを拾ったのよ。見に来ない？」と言うのです。私は、「行く行く」と答えてすぐに行ったのですが、洋服のワンピースを見せてもらえると思っていたら、『わたしのワンピース』のラフスケッチができていました。私は、一読して、すごくいいと思いました。

ところが、このラフスケッチをこぐま社へ持って帰って、ご意見番とも言うべきブレーンの先生たちに見てもらうと、「お花畑を散歩したらワンピースが花模様になる？　雨が降ってきたら水玉模様になる？　佐藤君、これは絵本じゃないよ」とおっしゃるのです。大好きな花畑をコロコロコロコロ転げまわっていたら花模様になったというのならばわかるけれども、花畑を散歩してたら花模様になるというのは無理だ、と言うのです。西巻さんはこのとき、すごくがっかりして、「このおじさんたちには、絵本はわからない」と言いました。

『まこちゃんのおたんじょうび』には、ちゃんとお話があります。ところが、『わたしのワンピース』の始まりは、「まっしろなきれ　ふわふわって　そらから　おちてきた」。こんな絵本は他にありません。「うさぎさんがさんぽしていました。すると、まっしろなきれがそらか

まっしろなきれ
ふわふわって
そらから　おちてきた

らふってきました。うさぎさんは、あらっ、へんなきれがおちてきた、といって、うちへもってかえりました……」というのが普通でしょう。ところが、『わたしのワンピース』には、うさぎさんの「う」の字も書いていません。「ミシン　カタカタ　わたしの　ワンピースを　つくろうっと　ミシン　カタカタ　ミシン　カタカタ」と続く、第一場面から第二場面への飛躍といったら、ものすごいものがあります。うさぎさんは家へ布を持って帰って、ワンピースを作ろうと裁縫箱からはさみを取り出してジョキジョキやって、足踏みミシンで「ミシン　カタカタ　ミシン　カタカタ」とやりだす。そして、「できた　できた　ラララン　ロロロン」と散歩に出かけるわけです。「おはなばたけを　さんぽするの　だあいすき」「あれっ　ワンピースが　はなもようになった」――こんな飛躍を

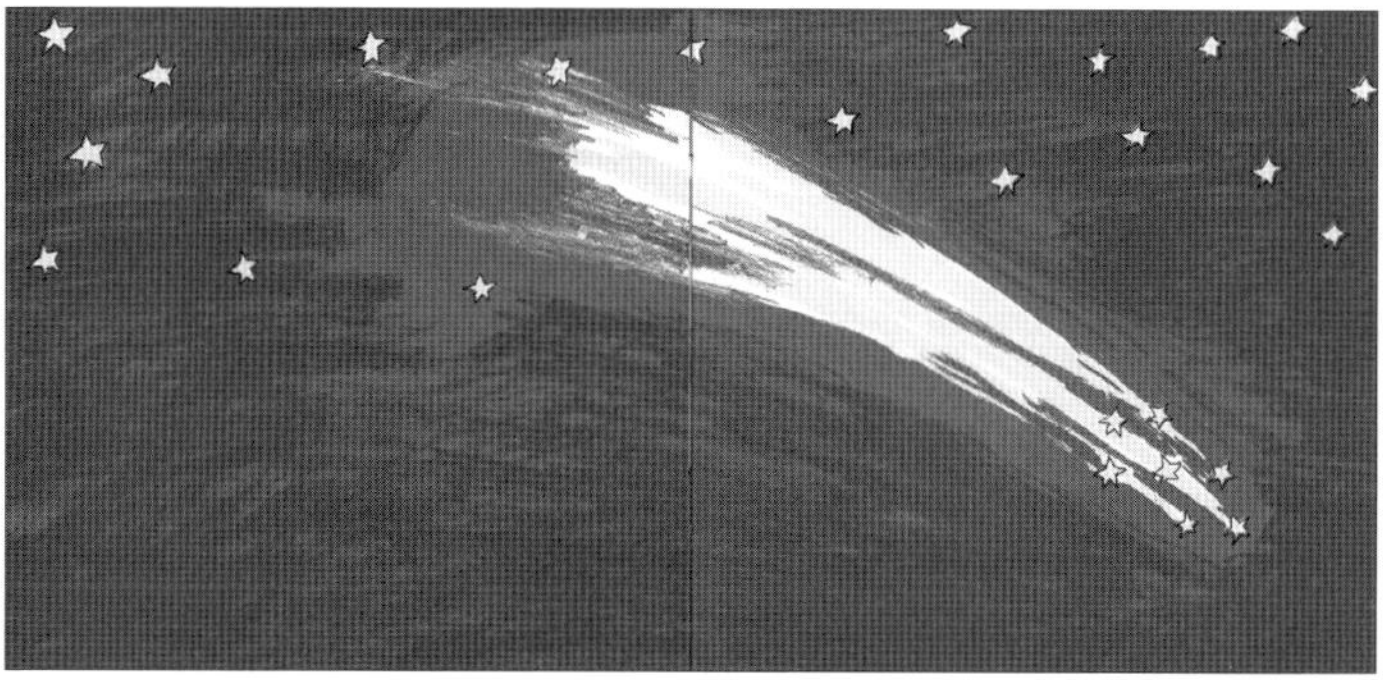

左右ともに
『わたしのワンピース』
にしまきかやこ 作より

する絵本は、日本にはまったくなかったのです。しかし私は、海外のいろいろな絵本を見ていましたから、「これこそ絵本だ！」と確信しましたし、私は本当に悩みましたが、他の人がなんと言おうと、結局、これはそのまま出版しようと決めました。

ただ、馬場のぼる先生のところに一緒に行ってお見せすると、後半の、うさぎが流れ星になっている場面、ここは最初は星ではなく、星模様のワンピース姿のうさぎのままで描いていたので、「痛い！」とおっしゃいました。うさぎが地面にぶつかる、と思われたのです。そこで、西巻さんは考え込んでしまって、結局、流れ星にして描き直し、朝になったら星の模様になっていたということにしました。ここについては、今でも西巻さんは、あのままでよかったのではないかと、複雑な気持ちがあると言われます。

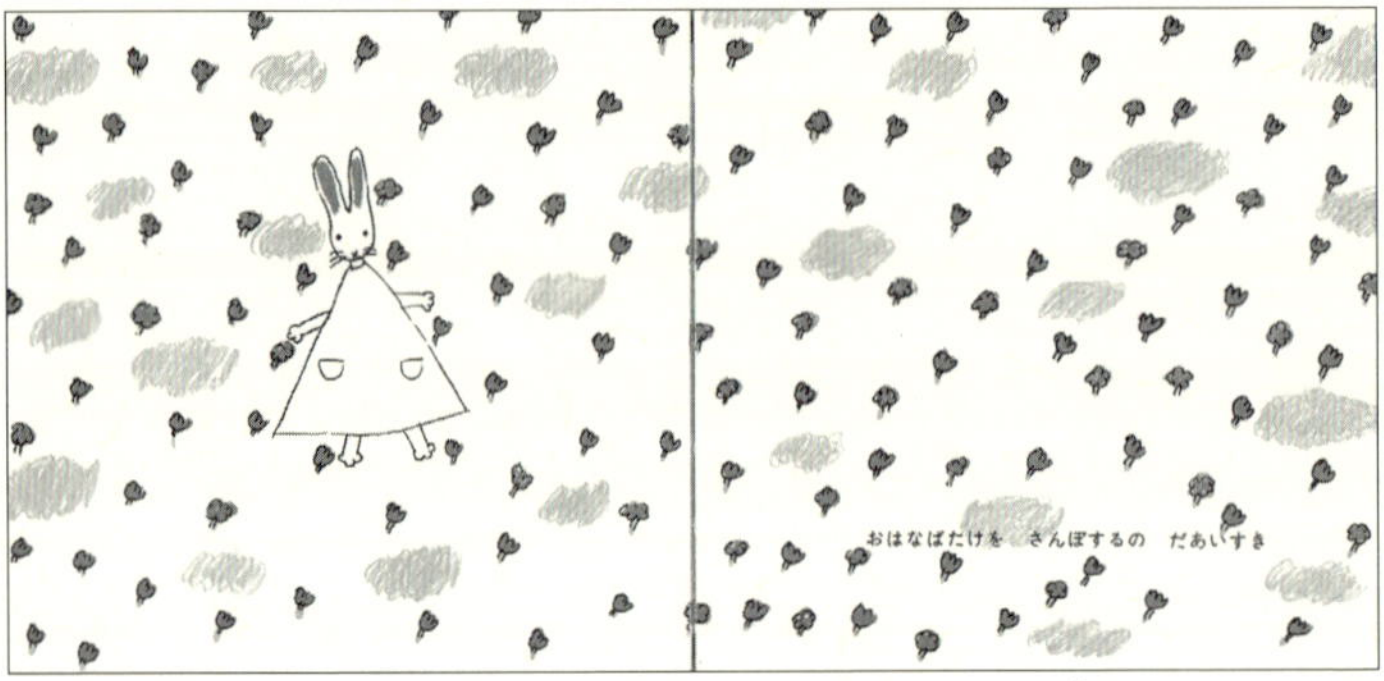

『わたしのワンピース』
にしまきかやこ 作より

◉新版の制作

『わたしのワンピース』は、手作りの本です。手作りと言うとちょっとわかりにくいと思いますけれども、この本は版画（リトグラフ）を絵本にしたのです。ですから、この本には、いわゆる「原画」はありません。ジンク版（亜鉛の板）に一色ごとに分けて描いた絵を、重ね刷りしたものなのです。

初版が出た後、刷りを重ねていくうちに、ついに元のジンク版が摩耗して、増刷がむずかしくなってきました。結局、原版から一場面ずつ写真を撮り直してフィルムを作って印刷しました。しかし、初版、再版……と版を重ねるうちに、手作りのよさもなくなってしまったような気がしました。そこで、西巻さんに「もう一度、版を描き直して」とお願いしましたが、彼女は、

「描き直すなんてできません」と言い続けました。しかし、原画展出品の要望も多くなり、それから長い時間とむずかしい作業を重ねて、二〇〇三年、墨版以外を描き直していただくことができました。そして、リトグラフとして全場面をフランスのアルシュという版画用紙で七部だけ作り、サインとナンバーを入れて保存しました。ですから、出来上がった絵本は、よく見比べると、最初の絵とは色の部分が変わっています。これは、外国の絵本ではよくあることです。以前と同じように描いていただくのは大変だったと思いますが、この絵本のためには本当によかったと思っています。

◉子どもたちが選ぶ絵本

今でこそ日本を代表するロングセラー絵本となった『わたしのワンピース』ですが、刊行当初は、一年たっても二年たっても売れず、なかなか重版ができませんでした。「なぜ売れないか？」——私は考えました。買ってくださるのは大人たちです。すると、表紙にある著者名「にしまきかやこ」も、駆け出しの出版社だった「こぐま社」も、大人たちは知らない。知らない作者や出版社の本は、手に取らないというのが、ごく一般的なことなのです。お母さんたちが手に取らなかったら、子どもと絵本が出会うことはありません。ですから、売れなかったのです。

ところが、二年半くらいたった時です。朝日新聞で、東京子ども図書館の佐々梨代子さんが、「図書館や文庫で子どもたちが次から次に借りてぼろぼろになっている本」ということで、『わたしのワンピース』を紹介してくださったのです。それから、少しずつ売れるようになり

ラララン　ロロロン
はなもようの　ワンピース
わたしに　にあうかしら

『わたしのワンピース』
にしまきかやこ 作より

ました。私は初めから、絵本の読者は字をまだ読むに至ってない子どもだと思っていましたから、すぐに売れなくてもちっとも不思議だとは思わず、子どもが喜んで「もう一回読んで」「もう一回読んで」と持ってきたら、必ずその本は売れ続けると考えていました。

絵本のページとページのあいだには、時間と空間があります。ワンピースがどうして花模様になったのか、時間と空間をつなげて読み取る想像力がなければ、読むことはできません。

ラララン　ロロロン
はなもようの　ワンピース
わたしに　にあうかしら

「似合うよ、似合うよ」と言う子どももいるし、「似合わない、似合わない」と言う男の子もいます。作者の西巻さんは、「うさぎのつぶやきになればいいな」という思いから、文章を考えました。

麦畑のページでは、絵本に鼻をつけて「いい匂い」と言った子も、「絵本って匂いまでするんですね」と言ったお母さんもいました。子どもがごっこ遊びをしているとき、子どもは自分以外の人そのものになりきっています。幼い子どもは、絵本を読んでいるとき、機関車にも、自動車にも、犬にも、ウサギにも、ゾウにも、なることができるのです。

子どもは、自分が主人公と一体化する不思議な力を持っています。そして、自分に喜びをもたらした本を、「もう一回読んで」と言って持ってきます。私たち大人には見えない、わからない、すばらしい感覚と想像力がきっとあるにちがいないと、私は信じているのです。


〔『えほんブックエンド　絵本アニュアルリポート2012』「連載◎子どもの本の編集者に聞く第三回　こぐま社・佐藤英和氏に聞く」絵本学会発行、朔北社、二〇一二年／『こぐま社の絵本研究』三宅興子他編、「こぐま社の絵本」研究会、二〇一三年／「聞く喜び・読む楽しみ」大阪市大正区コミュニティセンター、おはなしボランティア・アナシン主催講演、二〇一四年より抜粋の上、再構成〕

ひとりの編集者の長年の夢が実現しました！

自分が編集を担当した何人かの日本の作家を除いては、ためらいなくイギリスの絵本作家エドワード・アーディゾーニだと答えるでしょう。

私が初めてアーディゾーニのイラストレーションに出会ったのは、一九五九年、ふと手にした一冊の岩波少年文庫によってでした。『ムギと王さま』と題されたこの本は、アーディゾーニと同時代を生きた、イギリスの著名な児童文学作家エリナー・ファージョンの短編集で、原

◉E・アーディゾーニとの出会い

私は絵本が好きで好きでたまらなくて、一九六六年に〝こぐま社〟という絵本の出版社を創業しました。編集者として、これまでに数多くの絵本を手掛けてきましたし、また、よい絵本をつくるために、世界中の絵本をたくさん見、研究もしてきました。その上で、今、あなたがいちばん好きな絵本作家は誰かと問われれば、

『ムギと王さま』
エリナー・ファージョン 作、エドワード・アーディゾーニ 絵、岩波書店 より

書名は *The Little Bookroom*（本の小部屋）といいます。作者のまえがきには、「あのほこりっぽい本の部屋のまどは、あけたことがありませんでした。そのガラスをとおして、夏の日は、すすけた光のたばになってさしこみ、金色のほこりが、光のなかでおどったり、キラキラしたりしました。わたくしに魔法のまどをあけてみせてくれたのは、この部屋です。そこのまどから、わたくしは、じぶんの生きる世界や時代とはちがった、またべつの世界や時代をのぞきました」（石井桃子訳）と、あります。

この文章に添えられたアーディゾーニの絵に、私は魅入られてしまったのです。壁にも、床にも、ところせましと積み上げられた本の山。窓から束になってさしこむ光のなかで、ページに顔をうずめるようにして本に読みふける小さな女の子。私も本が好きで、本を読むときは夢中になって本の世界に入り込み、その世界の中にどっぷりと浸かってしまいます。絵のなかの少女の姿は、まさにそのときの忘我の時間を思い起こさせてくれました。

こうして、このときから、私にとってアーディゾーニは忘れられない人となりました。そして、ほとんど同じ時期に、これも岩波少年文庫のセシル・デイ・ルイスの『オタバリの少年探偵たち』を手にして、その挿絵の見事さに感心しました。これもまたアーディゾーニの手になるもので、私はこの本に出会って、アーディゾーニという人の絵をもっと見たいと願うようになったのです。

そして、一九六三年、私は、初めてアーディゾーニの絵本に出会うことになるのです。日本で翻訳出版された『チムとゆうかんなせんちょうさん』（瀬田貞二訳、福音館書店）がそれです。私はこの絵本を何度読んだことでしょう。船乗りになりたくて、なりたくてたまらなかったチム。両親に思い切ってその望みを打ち明けますが、一笑に付されてしまいます。望みを遂げるために家出までしようと決心するチムでしたが、ボートのおじさんのお陰でやっと船に乗ることができました。しかし、念願かなってはじまった船での生活は、楽しいことばかりではありませんでした。きびしい労働に船酔い。そればかりか、嵐にも遭遇してしまいます。船長とふたり、沈没寸前の船に取り残されたチム。しかし、幸い、九死に一生を得て、家に帰りつきます。船長さんは、チムの両親に、チムがいかに勇ましかったかを話し、つぎの航海にもチムを連れていっていいかとたずねます。お父さんもお母さんも「よろしい」といってくれたのを聞いて、チムはうれしくてうれしくてたまらなかったということで、お話はおわります。

私は、この小さなチムに、さまざまな紆余曲折の末、ようやく絵本の編集者になることができた自分の人生を重ね合わせて、どんなに感動したことでしょう。こうして、ますますアーディゾーニの絵に強く惹かれていったのです。

◉コレクションのきっかけ

一九六六年に、私は、念願かなって、こぐま社を創立することができました。

一九八〇年代になると、私は、春はボローニャ、秋はフランクフルトと、毎年のように、ヨーロッパの国際ブックフェアに出かけるようになりました。日本からの往復の都度、大好きなロンドンに古書店を訪ねてはアーディゾーニの本を探し、一冊、一冊手に入れていきました。手もとに集まる作品の数が増えれば増えるほど、ますますアーディゾーニの魅力に惹かれ、自分でも、どうしてこれほどに惹かれるのか、わからないほどでした。

一九八六年のことです。フランクフルトのブックフェアに行く前に、ロンドンで書店が集まっているチャリングクロスにある小さな路地、セシルコートのベルという店の前を通ったとき、不思議な胸騒ぎを覚えて、引き寄せられるように店に入りました。しかし、見渡したところ、どうやら子どもの本はなさそうです。聞いてみると、地下にあるよ、とのこと。わくわくするような気持ちで階段を降りると、そこに、ガラス戸のついた立派な本箱がありました。直感的にアーディゾーニの本だと分かりました。一冊、一冊夢中になって見ているうちに、翌朝早くフランクフルトに行かねばならぬことを思い出し、本箱の中の本すべてのリストと価格表を日本に送るように、そして、私から連絡があるまでは売らないように、と頼んで旅を続けました。

東京に帰ってみると、リストはすでに届いていました。その当時の私にとっては大金でしたが、もうこんな機会はないと思い、一大決心をして全部を買い取りました。九十冊ありました。そして、これがコレクションの第一歩となったのです。

一九八八年の春、ボローニャのブックフェアで、イギリスの名門出版社ボドリーヘッド社の児童書編集者ジュディ・テイラーに会い、彼女がアーディゾーニ担当の編集者だったことを知りました。私がアーディゾーニのコレクターだと打ち明けたところ、一九九〇年になって、ジュディから、彼女が集めていたアーディゾーニの本七十九冊と、児童文学研究の権威であるブライアン・オルダーソンが、アーディゾーニ生誕七十年を記念して編纂した書誌目録*Edward Ardizzone:A Preliminary Hand-list*を譲り受けることができました。私は、特別にガラス戸つきの本箱を注文して、大事なコレクションを収納することにしました。

遂にコレクター熱が嵩じてＰＢＦＡ（イギリスの古書店団体）とのつながりが出来、ロンドンのブックフェアにも出かけるようになり、一九九四年、Childhood Recollected という、古書店主や研究者が参加するカンファレンスに出かけるに至ったのです。このカンファレンスには、長い間、私の絵本の蔵書についての良き協力者であった阿部公子さんと一緒に参加しました。阿部さんは、今回の『チムとゆうかんなせんちょうさん』の完全復刻版の出版についても全面的に力を貸してくれた大切な助け手です。

参加者による自己紹介の時、私は、自分が日本の絵本出版者であり、アーディゾーニのコレクターであることを話しました。このカンファレンスで、私は、基調講演をされたブライアン・オルダーソン氏とお近づきになり、また、参加者のひとりであったアン・ハーヴェイさん（ファージョンの研究者）にもお目に掛かることができました。これは、私にとって、大切な出会いでした。というのは、その時、アンさんが、私たちに「マローンおばさん」の詩を朗読してくださったからです。そして、このファージョンの美しい詩が、アーディゾーニの素晴らしい絵で語られて、絵本として出版されていると教えられたのです。

『マローンおばさん』
エリナー・ファージョン 作、
エドワード・アーディゾーニ 絵、
阿部公子、茨木啓子 訳

たまたま、そのカンファレンスにはブックフェアも併設されており、会場を回ったとき、その『マローンおばさん』を見つけて入手することができました。自分はすでに一冊もっていたので、私は、通訳として一緒にいてくれた阿部公子さんに、その場で、その一冊を記念のためにさしあげました。すると、阿部さんは、その夜のうちにそれを訳し、「あまりにもいい詩で感動したので…」と、その訳詩を私にプレゼントしてくれたのでした。私は、それを読んで、日本語版の出版を決意しました。実際の出版までは、それから二年かかったのですが。こうして私はアーディゾーニの本のコレクターから、彼の作品の出版者になったのでした。

◉〝アーディゾーニの旅〟へ

私のコレクションについては、茨木啓子さんと湯沢朱実さんのおふたりが、整理の任を引き受けてくれました。すべての本に、オルダーソンさんの書誌目録に即して番号をつけ、ノートをとり、カードを作って研究者が検索できるように整えてくれたのです。

私は、おふたりのご労苦への御礼として〝アーディゾーニの旅〟を企画しました。日程は一九九六年四月十五日から二十六日までの十日間。この日程のなかには、オックスフォードのアシュモリーン博物館で、アーディゾーニのスケッチブックを見る、それもオルダーソンさんの解説付きで、という〝宝の時間〟も含まれていました。これは、古書店主として本の蒐集を助けてくれたニアルとマーガレットのデビット夫妻の計らいによるものでした。そして、四月二十二日には、アーディゾーニの次男ニコラスさんの案内で、アーディゾーニのお墓にお参りし、そのあと、なんと、あのチムの舞台になったキングスダウンの海岸にご案内いただいたのです！　私たちがどんなに感動したか、ご想像に任せます。しかも、この旅で『チムとゆうかんなせんちょうさん』の復刻版刊行の決定的なきっかけになる出来事が起こったのです！

四月二十三日。この日は、ジュディ・テイラーの案内で、ヴィクトリア&アルバート博物館で、一九三六年にオックスフォード大学出版会から刊行された『チム』の初版の原画を見せてもらうことになりました。プリントルームに案内された私たちの前には、用意された書見台の上に、原画が綴じられた状態で置かれていました。私たちは、白い手袋をはめ、いささか興奮

JONES
When off duty Tim would entertain the sailors by dancing a hornpipe or singing a "Life on the ocean Wave", which pleased them very much. They called him 'Sunny Boy'
1936年の初版出版時に省かれた幻の場面。原画はヴィクトリア＆アルバート博物館が保管している。

気味で、ゆっくりと一枚一枚ページをめくっていきました。

旅に先立って、印刷された初版本は何度も読んで準備していたのですが、原画の色彩の美しさは、印刷とは全く違っていました。そして、ページをめくっていくうちに、なんと、絵本にはなかった、問題の、あの一枚の絵が、私たちの目の前に現れたのです！ 上の絵です。一同、虚をつかれたように、息をのみました。

なぜ！ どうして？ 小さなチムが船乗りの唄をうたっているのを乗組員仲間がとり囲んでいる、船での暮らしを生き生きと伝える場面。アーディゾーニがさぞ楽しんで、力をいれて描いただろうと思われるこの絵が、なぜ出版にあたって印刷されなかったのか？ 絵本の出版をしてきただけに、私は、その疑問がわき起こるのを抑えることができませんでした。さらには、アーディゾーニは、作者として、この見開きのページが削除されたことをどう受け止めたのだろうか？　あれこれの想いが走馬燈のように頭のなかを巡りました。

◉完全復刻版刊行への夢

　この絵を発見してから、私は、削除されたこの絵をふくめて復刻版を出版することが出来ないだろうか、と考えるようになりました。そしてこのことをアーディゾーニの長女クリスチアナさん、アーディゾーニの作品のエイジェントのローラ・セシルさん、ブライアン・オルダーソンさん、ジュディ・テイラーさんにお伝えし、その実現についてのご協力をお願いしました。

　しかし、復刻版を作るためには、綴じられているオリジナルの画を一枚、一枚バラバラにする必要があります。ヴィクトリア&アルバート博物館としては、大切に保管してある原画をそのままの状態で保存しないことになるわけで、許可は得られず、計画は進展しませんでした。

『時計つくりのジョニー』
エドワード・アーディゾーニ 作
あべきみこ訳

　この間、私はなぜあの場面が削除されたのかをどうしても知りたくて、いきさつを知っていそうな人々に聞いてみました。この場面に黒人の水夫が描かれていることがその理由ではないかと聞いてみましたが、どの人もそんなことが削除の理由になるはずはないと言いました。一九九八年、こぐま社で、アーディゾーニの絵本

『時計づくりのジョニー』の日本版を出版することになり、オックスフォード大学出版会の当時の版権担当のアンドレア・ホプキンズさんとボローニャブックフェアでお会いした時、私がヴィクトリア&アルバート博物館に保管されている『チム』の復刻版を出版したいので協力をお願い出来ないか、また、どうしてあの一枚が削除されたのか調べてもらえないか、と尋ねてみたのです。すると、オックスフォード大学出版会には、そうした記録を保存してあるアーカイブスがあるので調べてみるとのこと。そして、早速に調べがついて、当時は、子どもの本としての定価に限界があって、コストを抑えるためには場面を減らす他ないということになったことを知らせてくれました。しかも、丁寧に二箇所の印刷所から取った見積書のコピーと、アーディゾーニ本人もそれを了承したという旨の手紙のコピーまで送られてきました。

いったんは復刻版出版をあきらめた時です。二〇〇〇年がやって来ました。アーディゾーニ生誕百年にあたる年です。きっと記念の行事が行われるだろうと考えて、アーディゾーニの旅2000を計画し、次男のニコラスさんに問い合わせましたら、二〇〇〇年から二〇〇二年にかけての英国各地での記念行事の日程が送られてきました。そこで、私は、アーディゾーニの生誕百年にあたる、十月十六日の記念すべき誕生日に、アーディゾーニのご家族と、日本から同行するアーディゾーニを愛してやまない七名とでお祝いの晩餐会をするというプランを立てました。

十月十一日には、かつてアーディゾーニが教えたことのあるロンドンのキャンバーウェル美術大学で、客船キャンベラ号の子ども部屋のためにアーディゾーニが描いた壁画を見学、十四日にはチチェスターのパラントハウスで行われた百二十六点のリトグラフと水彩画を見せてもらうことになりました。十五日はオックスフォードのアシュモリーン博物館での原画展を見ました。そこで、私は、「ジョフリー（ジョック）・カンバレッジに捧ぐ」という絵を見たのです。ジョフリー・カンバレッジ氏は、オックスフォード大学出版会で、アーディゾーニの最初の絵本を出版した人です。その絵の前に立ったとき、感動がこみ上げて、その場に釘付けになり、しばらくその場を立ち去ることが出来ませんでした。

それにしてもアーディゾーニという人は、なんという人だったのでしょう。その絵は、彼の不滅の作品であり、代表作であるチムシリーズに登場する面々が、カンバスに向かって絵をかいている作者本人を訪ねてきた絵なのです。きっと、登場人物のひとりひとりが彼に御礼の挨拶にきたのでしょう。そして、アーディゾーニは、その絵をチムシリーズの生みの親カンバレッジ氏に捧げているのです。絵本を描く作家と、その絵本を出版した人との関係を思い、絵に込めたアーディゾーニの思いを想像するとき、いうにいわれぬ感動がこみ上げてくるのです。幸いその絵は、その展覧会の図録に印刷されているので、今でも取り出して眺めることができます。

旅から帰って、私は、『チムとゆうかんなせんちょうさん』の復刻版を是非とも出版したいとの願いを新たにしました。しかし、この時の願いも実現できなかったのです。

二〇一〇年、私は、こぐま社の第一線から身を退きました。そして、百五十冊の絵本、二十五冊の単行本を編集・出版し続けてきて、思い残すことはないのかと自分に問うた時、やはり心残りは『チム』の完全復刻版の出版を実現していないことでした。

◉あきらめきれない想い

二〇〇三年に出版されたオルダーソンさんの網羅的なアーディゾーニ書誌*EDWARD ARDIZZONE : A Bibliographic Commentary*には、カラー印刷であの一場面が掲載されているのを、私は見ていました。私は、思いきってオルダーソンさんに手紙を書きました。絵本編集者としての自分の最後の仕事として、なんとしても『チム』の復刻版を自分の手で出版したい、どうにかならないだろうか、「あなたの本に、あの印刷されなかった見開きページが載っているので、敢えて手紙を書くのです」と、思いのたけを訴える手紙を出しました。

そして、遂に二〇一〇年四月、オルダーソンさんと、ヴィクトリア&アルバート博物館のエマ・ローズさんから、復刻を許可するとの手紙を受けとったのでした。その時の私の喜びがいかばかりだったか、お察しください。私は早速七月にヴィクトリア&アルバート博物館を訪ねました。もちろんオルダーソンさんも一緒です。そして、正式に出版の約束をとりつけ、印刷のためのデータを送ってもらうことになりました。

帰国後、データが届いてから、印刷・製本・用紙店に集まってもらい、製作会議を開きました。やがて初校ができ、装本の見本、箱の見本もできて、十二月にそれを持って再びヴィクトリア&アルバート博物館を訪ねました。印刷を担当する磯崎印刷の礒﨑社長は、自ら校正刷りを持って行き、三日間、原画を見ながら校正をしました。

絵本を読めば、チムの船での生活は、チムにとって決して楽しいことばかりではなく、つらいことも多いことがわかります。いったんは船長と一緒に「海のもくずと消える」ことを決心する場面もあります。しかし、あのそっくり削除された見開きの場面を、全体の文脈の中で読み取る時、この場面はとても明るく、チムが歌っている様子も、実に嬉しそうです。文章には「非番のとき、チムは、ホーンパイプ踊りを踊ったり、〝波上の暮らし〟を歌ったりして、水夫たちを楽しませました。水夫たちは、大いに喜んで、チムのことを、〝太陽のような子〟と呼びました」とあります。これを見るにつけても、この場面は、チムの航海の中で、なくてはならない場面のように思われてきてならないのでした。それを削ることは、作者にとっても、編集者にとっても、どんなにつらいことだったでしょう。自分が編集者だったので、企業としての出版のむずかしさを身に沁みて思うのです。

見れば見るほど、これは素晴らしい原画です。この絵を、印刷とはいえ、こうして復元して出版するまでにこぎつけたことは感無量という他ありません。出版に当たって、オルダーソンさんには、この本がオックスフォード大学出版会から出版されるに至った経緯を調べて書いて頂き、ヴィクトリア&アルバート博物館のエマ・ローズさんには、この原画を同館が入手するに至ったいきさつを執筆して頂きました。また、アーディゾーニの長女クリスチアナさんには、『チム』を描いた当時のお父さんの想い出を書いて頂きました。

私は思うのです。一枚の絵と人は出会うということ、一冊の絵本がこの世に出版されるということ、それを読む人がいるということ。なんという不思議な出会いでしょう。この世では、摂理とでもいうべきことが起こるのです。今回の『チムとゆうかんなせんちょうさん』の完全復刻版が実現するに至った出来事のひとつひとつに、私は、今、不思議な感動を覚えています。

◉完全復刻版の実現

二〇一一年は、『チム』の初版が出版されて七十五年という記念すべき年でもあります。このたび、ヴィクトリア&アルバート博物館の全面的な協力を得て、日本の小さな出版社から、絵本が好きでたまらないひとりの出版人が、愛してやまない絵本作家エドワード・アーディゾーニの、初めての、そして不朽の作品である『チム』を、原画からの完全復刻版として、世界で初めて出版することができました！　この幸せを、心から感謝しております。

＊付記
現在、日本で翻訳出版されている『チムとゆうかんなせんちょうさん』は、一九五五年版の原書を底本としています。この版は、一九三六年の初版とストーリーは変わりませんが、絵は全部新しく描き直され、文字は活字になり、片面四色、片面一色の印刷で、版型は初版に比べやや小型になっています。

〔『チムとゆうかんなせんちょうさん』完全復刻版所収、二〇一一年〕

あとがき

「編集者は自分の本は残さない。」これが私の編集者としてのこだわりでしたが、残念ながらこの度、自らが興し、愛して止まないこぐま社の創立五十周年の節目に、このような形で「自分の本」を出版することになりました。米寿を迎えたこの歳になって信念を貫き通せず、はずかしい限りです。

大学を卒業した二十五歳の私が編集者を志して現在の河出書房新社の前身である河出書房に入社したのは一九五三年のことでした。以来、本の仕事に関わり続け六十三年、そしてこぐま社を創立して五十年、本当に幸せな人生です。

河出書房で出会ったのが、今は亡き坂本一亀さんです。名編集者として、この世界で知らぬ者はいないほどの方でしたが、その坂本さんの下で四年間、それこそ〝本〟とは何か、〝本を編集するという仕事はどういうことか〟を徹底的に叩き込まれました。編集者としての幼年期と言えるこの時期を、これ以上はない師匠に育てられたことは、まことに幸せなことであり、三つ子の魂ではありませんが、その教えは、今日に至るまで私の編集者人生の〝魂〟そのものであり続けました。坂本さんが自らの本を残されていないこともあって、私に冒頭のこだわりができたのかもしれません。

その後、こぐま社を創立して編集者としての〝自立〟をしてからは、かけがえのない作家の皆さんとの出会いや、こぐま社の絵本づくりに共感し、まさしく「共に」歩みつづけてくださった磯崎印刷さんをはじめ、製作面で支えてくださった皆さんとの出会いがありました。重ね重ね幸せなことだと心から感謝しています。

河出書房やその後も〝本〟に関わってきた私が、心を惹かれていったのが絵本でした。三人の子どもたちが生まれた時期とも重なり、絵本や児童文学に触れる機会が増え、次第に自らがその編集に関わりたい、出版に関わりたい、という思いが強くなっていきました。そしてその思いを抑えきれないほどになり、一九六六年に、日本の子どもたちのための創作絵本の出版社、こぐま社を創立しました。文字を読めない子どもたちが「もう一回読んで！」とおかあさんにせがむ姿、何度も何度も夢中になって自分のお気に入りの本を読む子どもたちの姿を思い描いてのスタートでした。

こぐま社の絵本には、愛読者カードというものが挟んであります。子どもたちやその親御さんが感想や読んだ時の様子などを書き送ってくださることで、読者の皆さんとの交流を願って始めました。このカードには子どもたちの名前と誕生日を書いてもらう欄があります。希望する子どもたちの誕生日に誕生カードを送るためのものです。その中の一人、当時十一歳だった少女からこんな手紙をもらいました。

お誕生日カードありがとうございました。私は今年11才になりました。
先日、母が「本の整理をしなさい。」と言ったので、本の整理をしました。

私の本だけで何百冊もあって、
とうとう置いておく所がなくなってしまったからです。
でも思い出がたくさん詰まったこぐま社さんの本だけは、
どうしても捨てることができませんでした。
今でもたまにこぐま社さんの本を読んで、「いい本だなぁ」と思います。
来年も思います。
中学生になっても高校生になっても大学生になっても大人になっても、
ずっとずっと「いい本だなぁ。」と思うと思います。
社長さんも大人だけどそう思いますよね。

この手紙は、私の、そしてこぐま社の〝宝もの〟です。こんな読者に支えられ、励まされ、力をもらっての五十年でした。

こぐま社の五十周年にあたり、銀座の教文館で「50年のあしあと展」が開催されます。会場にこんなことばを掲げました。

人がいるところにことばがあり　ことばのあるところに人がいます
わけても肉声でかたられることばには　生命《いのち》と力と人格があります

本はすべて　ことばでできています
だから　本をよむには　ことばの力がいります

字がよめない子どもも　だれかによんでもらえば
場面と絵を重ね　結びあわせて　本を楽しみます
そして　その本を楽しいと感じたとき
子どもは〝もう一回よんで、もっかい〟というのです

楽しい時のこころの動きを　私たちは見ることはできません
しかし確かに　こころは動き　その時　こころは育ちます
そして　ことばの力が育つのです

こぐま社で編集者として育ててきた関谷裕子と足立桃子が、私の講演などをまとめ、一冊の本にしてくれました。西巻茅子さんはリトグラフ作品の一部を表紙に使うことをお許しくださり、創業以来のつきあいの足立秀夫さんが装丁をしてくれました。

これまで共に歩んでくださった皆さま、こぐま社の絵本を愛してくれたすべての子どもたちに、この場を借りて心から感謝の気持ちをお伝えします。

そして六十一年もの間、こんなわがままな私を支えつづけてくれた妻、志奈子にも。

二〇一六年二月

佐藤英和

本文中カット

p.007　『まこちゃんのおたんじょうび』にしまきかやこ 作より

p.008　『まこちゃんのおたんじょうび』にしまきかやこ 作より

p.025　『だっこして』にしまきかやこ 作より

p.055　『だっこして』にしまきかやこ 作より

p.056　『ブータン』太田大八 作より

p.061　『世界でいちばんやかましい音』ベンジャミン・エルキン 作、松岡享子 訳、太田大八 絵より

p.100　『ふんふん なんだか いいにおい』にしまきかやこ 作より

p.112　『まこちゃんのおたんじょうび』にしまきかやこ 作より

p.139　『ふんふん なんだか いいにおい』にしまきかやこ 作より

p.140　『こぐまちゃんおはよう』わかやまけん 作より

p.163　『11 ぴきのねことぶた』馬場のぼる 作より

p.188　『だっこして』にしまきかやこ 作より

佐藤英和（さとう　ひでかず）

1928年、ビルマ国ラングーン（現・ミャンマー、ヤンゴン）に生まれる。1歳で帰国、長崎県の島原で幼少年時代を送る。

1953年、神戸経済大学（現・神戸大学）を卒業後、河出書房（現・河出書房新社）に入社。文芸誌、児童書、世界少年百科全集などの編集を手がける。

1966年、日本の子どもたちのための創作絵本の出版社・こぐま社を設立。編集者として、「こぐまちゃんえほん」シリーズ、「11ぴきのねこ」シリーズ、『わたしのワンピース』など、多くのロングセラー絵本を生み出した。また、英国のイラストレーター、エドワード・アーディゾーニの絵に魅了され、ほぼすべての原書を蒐集、『時計つくりのジョニー』『エドワード・アーディゾーニ若き日の自伝』などの邦訳版の出版者ともなった。

株式会社こぐま社相談役、公益財団法人東京子ども図書館監事。

絵本に魅せられて　224頁　182 × 130 mm

2016年3月20日　第1刷発行　2016年8月1日　第2刷発行

著　者　佐藤英和
発　行　株式会社　こぐま社
〒112-8666 東京都文京区関口1-43-5
TEL. 03(3202)9438　FAX. 03(3204)4388
発行者　廣木和子
装　画　西巻茅子
装　丁　足立秀夫
印　刷　磯﨑印刷株式会社
製　本　株式会社難波製本

ISBN978-4-7721-9061-9　C0095